BESTACTIVITYBOOKS.COM

Découvrez des Jeux Gratuits en Ligne

Disponible Ici :

BestActivityBooks.com/FREEGAMES

5 ASTUCES POUR DÉMARRER !

1) COMMENT RÉSOUDRE LES MOTS MÊLÉS

Les puzzles sont dans un format classique :

- Les mots sont cachés sans espaces, tirets, ...
- Orientation : Les mots peuvent être écrits en avant, en arrière, vers le haut, vers le bas ou en diagonale (ils peuvent être inversés).
- Les mots peuvent se chevaucher ou se croiser.

2) UN APPRENTISSAGE ACTIF

Un espace est prévu à côté de chaque mots pour noter la traduction. Pour favoriser un apprentissage actif un **DICTIONNAIRE** à la fin de cette édition vous permettra de vérifier et étendre vos connaissances. Cherchez et notez les traductions, trouvez-les dans le Puzzle et ajoutez-les à votre vocabulaire !

3) MARQUEZ LES MOTS

Vous pouvez inventer votre propre système de marquage. Peut-être en utilisez-vous déjà un ? Sinon, vous pourriez, par exemple, marquer les mots qui ont été difficiles à trouver d'une croix, ceux que vous avez aimés d'une étoile, les mots nouveaux d'un triangle, les mots rares d'un diamant, etc...

4) STRUCTUREZ VOTRE APPRENTISSAGE

Cette édition vous offre un **CARNET DE NOTES** très pratique à la fin du livre. En vacances ou en voyage ou à la maison, vous pouvez facilement organiser vos nouvelles connaissances sans avoir besoin d'un second bloc-notes !

5) VOUS AVEZ FINI TOUTES LES GRILLES ?

Allez à la section bonus **CHALLENGE FINAL** pour trouver un jeu gratuit à la fin de cette édition !

Simple et Rapide ! Découvrez notre collection de livres d'activités pour votre prochain moment de détente et **d'apprentissage**, à juste un clic de distance !

Trouvez votre prochain défi sur :

BestActivityBooks.com/MonProchainLivre

À vos marques, prêts... Partez !

Saviez-vous qu'il existe environ 7 000 langues différentes dans le monde ? Les mots sont précieux.

Nous aimons les langues et avons travaillé dur pour créer les livres de la plus haute qualité pour vous. Nos ingrédients ?

Une sélection des thématiques d'apprentissage adaptée, trois belles parts de divertissement, puis nous ajoutons une cuillère de mots difficiles et une pincée de mots rares. Nous les servons avec soin et un maximum de plaisir pour vous permettre de résoudre les meilleurs jeux de mots mêlés qui soient et d'apprendre en vous amusant !

Votre avis est essentiel. Vous pouvez participer activement au succès de ce livre en nous laissant un commentaire. Nous aimerions vraiment savoir ce que vous avez préféré dans cette édition !

Voici un lien rapide qui vous mènera à la page d'évaluation de vos commandes :

BestBooksActivity.com/Avis50

Merci pour votre aide et amusez-vous bien !

De la part de toute l'équipe

1 - Adjectifs #2

```
園 書 ン ナ 興 画 絵 ズ 新 着 猟 物 ズ レ ハ 写
喜 編 狩 チ ジ 芸 ン 画 釣 キ パ 法 ャ 猟 影 喜
塩 リ ア ュ ピ 芸 動 オ ー セ ン ティ ッ ク 芸
ズ 辛 興 ラ ャ 喜 グ ゲ ズ 絵 り エ パ 魔 動 プ
ム 絵 い ル レ ク ー 野 イ 強 カ な 興 ル 編 ダ
ゲ ャ 強 猟 ハ ダ リ 生 読 キ み イ び イ み ダ
写 撮 エ 釣 ゲ イ ハ エ プ シ 説 明 ダ ジ ク プ
ン 品 レ 真 み り ー グ イ ラ ド 影 写 喜 書 魔
影 シ 法 イ び ジ 物 陶 ク テ パ 芸 エ 芸 エ 狩
プ プ ン ル ズ ギ フ テ ッ ド ィ 狩 レ ン び ズ
ラ 画 釣 陶 ダ ク ラ 動 ハ ム 画 ブ ガ 法 エ 猟
誇 び ハ ゼ ハ ゼ プ 園 元 気 狩 レ ン 責 面 ム
ズ り ダ 陶 絵 パ リ 興 編 ク 園 写 ト 任 白 真
み 興 ー 芸 動 喜 有 影 喜 味 狩 ラ 法 者 い 釣
興 ル 動 プ 写 興 名 味 プ 書 釣 活 パ 釣 ダ 猟
読 芸 画 喜 影 ン な ル 編 劇 的 産 生 キ パ ン
```

オーセンティック	ナチュラル
有名な	新着
クリエイティブ	生産的
説明	強力な
ギフテッド	ピュア
劇的	責任者
エレガント	元気
誇り	塩辛い
強い	野生
面白い	ドライ

2 - Force et Gravité

ダ	び	狩	猟	び	法	ダ	園	イ	グ	シ	ル	物	陶	狩	園
活	園	狩	法	モ	ー	シ	ョ	ン	み	写	写	ラ	時	間	速
キ	魔	工	編	編	タ	ゼ	園	絵	物	エ	ユ	ク	撮	ダ	度
キ	ゲ	ム	惑	星	ン	絵	興	グ	磁	猟	ニ	プ	ダ	ゲ	プ
プ	イ	品	喜	陶	セ	狩	猟	編	編	気	バ	ン	味	イ	エ
猟	ロ	距	離	写	ズ	狩	読	物	ゲ	園	ー	芸	画	芸	ラ
キ	パ	ク	キ	狩	摩	発	見	グ	ズ	サ	圧	パ	ゲ	ャ	キ
プ	影	ー	テ	ダ	シ	擦	ダ	ン	絵	猟	ル	カ	絵	真	法
陶	響	読	ク	ィ	魔	パ	物	み	書	リ	ラ	真	動	パ	ャ
ム	興	猟	ャ	パ	絵	重	レ	ル	ハ	ジ	編	シ	法	ム	ダ
真	写	動	軸	狩	ゲ	書	さ	品	ゼ	イ	魔	写	り	リ	ハ
陶	ハ	り	園	エ	ズ	動	ジ	品	園	パ	ャ	キ	釣	味	カ
園	プ	ジ	リ	品	写	的	品	シ	画	ジ	味	エ	エ	興	学
動	猟	陶	ム	法	興	釣	品	ダ	軌	道	ズ	拡	張	興	理
味	ジ	み	ゲ	品	園	グ	法	画	魔	り	動	影	ン	シ	物
品	読	写	写	ル	ゼ	絵	プ	芸	リ	写	写	ハ	び	シ	エ

センター　　　　　　軌道
発見　　　　　　　　物理学
距離　　　　　　　　惑星
動的　　　　　　　　重さ
拡張　　　　　　　　圧力
摩擦　　　　　　　　プロパティ
影響　　　　　　　　時間
磁気　　　　　　　　ユニバーサル
力学　　　　　　　　速度
モーション

3 - Adjectifs #1

```
興 キ 撮 ン び 釣 り 魔 モ 正 直 ム 画 ハ 芳 エ
読 ャ シ エ ゲ 絵 魔 り ダ ズ ラ 野 心 的 香 キ
り ル 真 シ 真 真 ズ シ ン エ 芸 猟 ジ グ 族 ゾ
キ 読 び 味 編 ゼ キ エ 活 ム ム ズ 絵 み 喜 チ
読 活 ャ ー 絵 グ 品 品 遅 動 ズ ン り び 釣 ッ
エ 編 リ り び エ り 編 エ い ン り び 喜 写 ク
編 ム 真 猟 ャ 魔 ー エ ン 若 プ ラ ゼ ル 影 影
法 狩 狩 レ 喜 ズ パ イ シ 狩 味 書 ム パ ク キ
ル 興 リ 完 芸 絵 絵 陶 魔 要 ア ク ティ ブ 魅
寛 大 な 全 興 術 パ キ ゼ 重 狩 び ム び り 力
大 レ 大 撮 み 絵 的 ル シ い ゼ イ 画 ラ 味 的
き 動 巨 物 薄 い 真 綺 ゼ ー プ ャ 編 ラ 動
い プ 味 び ラ 撮 真 麗 ズ 園 ジ ル 絶 魔 品 ー
ジ り り エ 法 興 味 な ク 真 法 ジ リ 対 興 ャ
法 ー 真 釣 り ム 物 法 動 ル 同 ー リ 狩 釣 レ
ゲ ー 魔 ハ ム 園 園 キ び 書 狩 キ 狩 キ 園 ル
```

絶対	大きい
アクティブ	正直
野心的	同一
芳香族	重要
芸術的	若い
魅力的	遅い
綺麗な	重い
エキゾチック	薄い
巨大な	モダン
寛大な	完全

4 - Instruments de Musique

喜	シ	芸	チ	ラ	ル	ー	猟	撮	画	園	書	エ	書	び	バ
バ	ゼ	プ	み	ェ	ク	ハ	ャ	味	シ	芸	釣	動	芸	撮	ン
ゼ	魔	リ	ロ	真	ダ	ダ	み	バ	狩	ズ	陶	ゼ	リ	魔	ジ
み	絵	ズ	法	ラ	興	法	釣	り	イ	ラ	写	パ	絵	芸	ョ
釣	活	ゼ	画	パ	エ	プ	写	影	キ	オ	フ	狩	エ	ラ	ー
ト	ロ	ン	ボ	ー	ン	ハ	ー	モ	ニ	カ	リ	ル	写	釣	物
パ	ー	カ	ッ	シ	ョ	ン	タ	ハ	グ	イ	ゼ	ン	ー	興	喜
み	パ	園	編	ー	み	編	ギ	興	写	画	ダ	読	物	ト	オ
キ	グ	狩	ル	狩	芸	撮	書	影	魔	ハ	猟	ゼ	ト	影	ー
園	写	動	み	真	ム	ル	魔	猟	魔	猟	ド	ー	ッ	り	ボ
タ	ピ	ア	ノ	絵	マ	シ	ト	ッ	ペ	ン	ラ	ト	ネ	グ	エ
ン	キ	園	シ	リ	ン	ハ	絵	活	プ	ハ	ム	マ	リ	ン	バ
バ	ク	パ	真	読	ド	影	フ	ァ	ゴ	ッ	ト	ダ	ラ	ゴ	ク
リ	サ	ッ	ク	ス	リ	キ	ー	影	芸	影	絵	芸	ク	味	編
ン	画	狩	び	び	ン	ハ	ン	ル	ン	絵	写	シ	エ	エ	レ
プ	ム	ジ	法	物	読	魔	ク	ズ	グ	絵	イ	活	編	編	猟

バンジョー	マリンバ
ファゴット	パーカッション
クラリネット	ピアノ
フルート	サックス
ゴング	ドラム
ギター	タンバリン
ハーモニカ	トロンボーン
ハープ	トランペット
オーボエ	バイオリン
マンドリン	チェロ

5 - Échecs

```
ル 興 編 ポ 学 ム チ グ 画 ダ 撮 釣 書 写 リ 喜
パ ー 陶 イ ぶ プ ャ ゼ パ び 喜 編 陶 キ 読 ダ
ッ ヤ ル ン た 書 ン 狩 撮 課 釣 編 園 絵 ゼ ン
シ ー シ ト め ピ ラ 釣 題 絵 陶 釣 陶 び 物 り
ブ レ 活 ト に 物 オ ン キ 狩 陶 レ 女 び ハ ダ
み プ エ ー 犠 牲 ン 芸 り 狩 パ ラ 王 リ ダ ハ
読 時 シ ナ 写 パ 物 ズ 芸 真 芸 画 白 い 編 ラ
ゲ 間 味 メ 読 絵 パ 園 コ ン テ ス ト り 芸 ダ
物 戦 略 ン 釣 写 物 対 ャ 陶 園 ク ダ り ゲ ズ
ジ 絵 影 ト ル グ 味 角 ジ ク ル 法 写 喜 芸 喜
絵 写 法 魔 狩 絵 影 グ ー ゲ ク ゼ 釣 興 真 書
撮 リ 園 品 品 真 パ プ 喜 ー レ 読 画 エ ン 法
キ ン グ 物 書 相 ハ ダ 興 ム 絵 ー ブ ジ ル ラ
狩 ー ー び ル 手 ゼ 活 読 品 プ 写 ラ ー レ 釣
陶 パ ジ ズ 動 物 ク ジ エ イ ハ ン ッ 賢 ル び
シ プ ハ ー 編 物 影 園 味 り リ ジ ク ル い び
```

相手	ブラック
学ぶために	パッシブ
白い	ポイント
チャンピオン	女王
コンテスト	ルール
課題	キング
対角	犠牲
賢い	戦略
ゲーム	時間
プレーヤー	トーナメント

6 - Herboristerie

園 リ 芳 撮 法 ズ 花 味 画 喜 陶 ゲ ロ シ ズ プ
法 り 香 エ グ マ ー ジ ョ ラ ム 写 ー リ 活 影
味 狩 族 画 陶 ム ダ 書 ン 影 レ 活 ズ 絵 真 ム
パ ハ シ ム 陶 グ ン ラ フ サ 活 ク マ ダ 活 キ
品 ク 味 リ 陶 パ ベ 読 ー ム ク ハ リ セ パ 読
質 興 ャ 編 味 ジ ラ レ 動 物 ゲ レ ー 陶 撮 タ
パ 読 ラ 読 レ 画 活 び 釣 狩 魔 芸 ズ ク ク ラ
リ 写 絵 ゲ 影 ラ ラ ニ ン ニ ク リ エ パ 法 ゴ
法 イ ラ 絵 成 画 興 ズ 影 プ グ 読 味 ゼ 有 ン
影 画 ラ ジ 分 ジ キ 狩 ム 絵 法 魔 ン ル 絵 益
グ ム 喜 読 ク 喜 キ ラ 動 ジ ル 魔 ト 撮 芸 ゲ
タ イ ム 庭 ャ ル 真 キ 写 読 法 フ ェ ン ネ ル
び ム ー ル 真 興 ク 活 喜 ズ び 動 シ 興 ミ ク
ダ 釣 ン ラ 料 理 パ 法 ム 撮 ク り り キ レ 影
書 動 芸 影 ジ 物 狩 み ン ャ レ ク バ ジ ル 活
び 活 パ 真 緑 リ パ プ 法 狩 ク 撮 ャ ゼ 猟 ジ

ニンニク	ラベンダー
芳香族	マージョラム
バジル	ミント
有益	パセリ
料理	品質
タラゴン	ローズマリー
フェンネル	サフラン
成分	タイム

7 - Véhicules

ム	ム	写	エ	ル	ー	ル	ー	シ	猟	キ	ジ	ム	物	ダ	ロ
活	狩	ジ	キ	ル	タ	ク	シ	ー	画	釣	ャ	り	リ	ケ	
品	ラ	り	ヤ	喜	プ	み	シ	タ	ボ	ゲ	園	ラ	ゲ	写	ッ
味	狩	ル	イ	動	コ	狩	ャ	ー	喜	ー	画	書	バ	釣	ト
ス	ク	ー	タ	ー	リ	み	ン	モ	自	タ	ト	魔	芸	ン	り
イ	シ	リ	物	動	ヘ	釣	リ	ン	転	ク	品	ャ	狩	編	ダ
物	ャ	エ	ャ	救	急	車	喜	車	ラ	潜	水	艦	ゼ	芸	
ダ	ト	フ	動	か	ズ	真	レ	物	レ	魔	び	読	レ	エ	
動	ル	園	プ	ゲ	だ	芸	味	プ	画	り	ト	プ	ハ	魔	ゲ
ム	狩	編	ダ	味	写	書	書	陶	ー	キ	ラ	喜	狩	写	ル
ク	飛	ハ	興	動	味	活	動	ャ	ハ	書	ッ	イ	レ	絵	ゲ
ズ	行	プ	法	シ	ハ	ダ	陶	ャ	イ	り	ク	エ	地	画	釣
書	機	キ	キ	み	真	喜	グ	写	読	魔	ム	陶	下	り	ゲ
ム	バ	ス	プ	ゲ	ン	陶	グ	レ	釣	ダ	ハ	物	鉄	動	興
真	書	ゼ	品	ズ	パ	真	陶	動	ー	ム	画	喜	ハ	魔	ク
味	り	プ	プ	読	喜	ラ	ン	ダ	キ	イ	写	法	パ	法	ゼ

救急車　　　　　　モーター
飛行機　　　　　　シャトル
ボート　　　　　　タイヤ
バス　　　　　　　いかだ
トラック　　　　　スクーター
キャラバン　　　　潜水艦
フェリー　　　　　タクシー
ロケット　　　　　トラクター
ヘリコプター　　　自転車
地下鉄

8 - Camping

ム	み	み	絵	動	動	陶	リ	イ	み	猟	撮	ン	月	一	品
キ	ジ	読	読	猟	釣	物	ジ	シ	ジ	猟	喜	ズ	活	シ	イ
シ	ャ	絵	ス	動	写	魔	エ	ム	カ	自	ム	ズ	り	ゲ	魔
活	写	ビ	パ	写	味	写	ダ	動	ヌ	然	シ	イ	イ	ジ	ン
ズ	陶	森	ン	ゼ	影	シャ	影	び	ー	動	読	山	味	品	ル
イ	キ	猟	コ	芸	パ	シ	動	ジ	陶	法	レ	編	読	湖	ク
ャ	法	ク	ク	活	活	び	ャ	リ	味	エ	ロ	狩	ジ	ジ	釣
ン	味	ッ	り	撮	味	編	ズ	ャ	絵	撮	ル	ー	猟	昆	ハ
地	エ	モ	ハ	活	ク	ダ	み	興	ル	プ	写	プ	芸	虫	キ
図	ラ	ン	タ	ン	読	味	園	火	び	味	品	ラ	ク	シ	ラ
ラ	ン	ハ	ズ	書	ン	帽	子	活	キ	書	イ	読	ン	ジ	パ
冒	テ	イ	ャ	ク	法	ラ	写	撮	エ	ハ	ー	グ	ズ	活	芸
険	ン	動	物	猟	び	書	エ	ダ	狩	書	陶	り	猟	猟	び
品	ト	釣	釣	ク	釣	絵	ク	木	撮	み	み	ゼ	釣	興	喜
物	影	レ	キ	ャ	ル	動	ー	ラ	ン	品	狩	魔	ク	エ	ズ
ム	味	シ	リ	ク	プ	ャ	釣	レ	ー	エ	り	動	リ	び	法

動物	狩猟
冒険	ロープ
コンパス	ハンモック
キャビン	昆虫
カヌー	ランタン
地図	自然
帽子	テント

9 - Écologie

```
リ 山 法 ラ 興 プ パ 活 絵 キ ク 魔 イ キ 園 植
ソ 釣 活 法 真 ン 活 影 釣 ク リ ナ 撮 真 釣 物
ー 興 存 み ラ 芸 ジ 物 ゼ マ チ ラ 真 写 狩 ク
ス 味 生 猟 ム 撮 魔 り ム 芸 ュ ー シ ラ ー ロ フ ハ
コ ゲ 息 品 動 ジ ル 画 動 撮 シ ラ ー 味 ハ ー り
ミ 植 地 み み 陶 プ プ 猟 び ュ ル 味 ハ ー り ア ィ
ュ 生 ラ 撮 み ハ み ー 魔 園 バ 物 物 り ア
ニ ン レ み ク 物 ク 陶 グ 写 ク ー レ マ ラ イ
ティ 持 続 可 能 リ シ 法 編 パ み ロ 絵 ー リ リ
ィ ズ 芸 自 狩 物 ジ 興 品 ゲ ム グ ハ ム パ ン
ゼ シ 動 然 み 物 味 シ み 釣 ャ ジ ゼ エ 法 ラ
魔 芸 書 び び ズ 読 シ 猟 ラ 陶 ゼ 園 ン 影 ボ
び 書 り ジ 撮 ラ 画 動 ダ ン ク ー り 陶 キ 喜
物 猟 ハ ラ ル 気 候 物 動 ハ み ジ 編 多 ラ 影
旱 魃 喜 ャ ハ レ 陶 相 芸 影 猟 芸 り 園 様 イ
画 リ ラ び ズ 猟 物 影 エ 画 種 ハ 画 レ イ 性
```

ボランティア	マーシュ
気候	マリン
コミュニティ	自然
多様性	ナチュラル
持続可能	植物
動物相	リソース
フローラ	旱魃
グローバル	生存
生息地	植生

10 - Géométrie

```
猟 シ ゲ 方 芸 グ 表 ゼ 書 画 パ 編 ル ー 割 合
魔 角 度 程 書 法 面 リ 画 写 パ 味 リ ダ ゼ キ
画 び ル 式 ク グ ク プ み 狩 ラ 品 キ 物 写 動
ジ ゼ 園 み 真 陶 イ 対 影 釣 写 味 パ 写 イ 一
法 編 活 ゲ 猟 高 狩 称 平 行 陶 ラ ズ イ 釣 動
読 画 写 ジ 園 さ エ 絵 ダ 魔 陶 ハ 味 ル ゲ 動
レ グ 撮 芸 キ セ グ メ ン ト 論 パ イ ゲ 編 キ
グ キ ジ 興 ラ 画 り 喜 質 理 理 曲 線 イ ン ン
物 プ 陶 法 エ イ 味 陶 量 味 狩 工 次 元 み 活
画 絵 画 芸 味 猟 ム 動 み プ 陶 ャ 直 番 物 ラ
エ 写 品 ン 影 ラ 活 芸 魔 垂 編 ャ 径 号 活 ゲ
び み 円 中 央 値 三 角 形 直 み ル 品 ズ ラ ゼ
ム 釣 ゼ 陶 り キ 真 み 物 活 編 計 影 ズ ゲ ラ
狩 り ム ハ 興 編 み キ エ ン 芸 猟 算 物 興 エ
り グ 読 喜 品 書 写 キ び 真 ダ 猟 レ 魔 ゼ ジ
レ エ 興 プ グ 猟 興 写 イ パ シ び キ 陶 ジ エ
```

角度   番号
計算   平行
曲線   割合
直径   セグメント
次元   表面
方程式   対称
高さ   理論
論理   三角形
質量   垂直
中央値

11 - Les Médias

狩	オ	ン	版	プ	物	狩	魔	ゼ	釣	猟	絵	動	り	芸	ク
ジ	ジ	ン	事	品	ロ	ゼ	喜	テ	魔	真	活	喜	エ	ム	写
ー	ラ	イ	実	ズ	ー	ズ	レ	エ	商	読	狩	書	ク	ー	猟
ハ	リ	ハ	リ	イ	ハ	教	カ	ビ	界	業	書	新	聞	プ	法
デ	ジ	タ	ル	絵	ン	育	絵	ル	ハ	品	ム	興	喜	画	像
物	ー	グ	法	リ	影	ル	ン	ダ	意	見	イ	釣	画	り	り
写	ー	パ	編	品	釣	レ	ル	ダ	プ	画	味	画	ズ	品	芸
ラ	味	法	味	写	シ	影	魔	ャ	び	興	芸	み	品	動	り
味	ズ	公	共	読	ク	ャ	レ	ハ	活	読	喜	ー	写	芸	び
ク	イ	ャ	物	陶	写	味	リ	物	み	リ	写	撮	知	写	園
陶	動	動	動	活	ジ	ズ	魔	真	ダ	ム	プ	魔	的	イ	真
狩	イ	レ	書	ズ	キ	ン	ク	写	興	喜	レ	釣	ー	動	人
パ	画	り	ラ	ズ	影	り	動	み	プ	び	ム	喜	写	個	興
通	信	網	ジ	ル	味	撮	プ	編	プ	ズ	ル	絵	キ	狩	ゲ
キ	通	ゲ	物	ダ	動	物	り	画	態	度	書	編	狩	ゲ	シ
ク	絵	プ	物	ム	撮	グ	撮	魔	書	ル	書	ャ	み	シ	編

態度　　　　　　新聞
商業　　　　　　ローカル
通信　　　　　　デジタル
オンライン　　　意見
教育　　　　　　写真
事実　　　　　　公共
画像　　　　　　ラジオ
個人　　　　　　通信網
業界　　　　　　テレビ
知的

12 - Diplomatie

倫 味 園 パ 交 ズ レ 大 議 芸 味 写 ク プ ャ イ グ
理 キ レ 外 国 人 使 論 絵 真 ゲ ク 陶 ダ イ グ
ラ 法 ラ ラ パ 影 レ ャ 書 味 エ 対 ク 写 活 猟 り
活 ゼ 撮 ラ 編 影 ゼ 味 パ 市 民 立 整 合 性 り
リ り 真 り ム ゼ 園 狩 シ 狩 エ 読 魔 一 真 プ
書 品 物 シャ 園 物 品 写 ゲ ダ エ 画 正 味 ク
陶 陶 絵 読 猟 ル 喜 物 編 喜 み 興 レ 義 釣 プ
園 イ ダ ハ 喜 ラ み レ ダ み 真 編 レ キ 顧 喜
条 約 ダ 撮 真 興 キ 影 ク 狩 グ 大 グ プ 法 問
キ 解 決 狩 安 全 み 書 ゼ リ ジ 使 ラ び ラ り
法 エ 品 み 狩 一 撮 ム 品 味 真 館 レ 喜 撮 プ
シ ム ハ ク 芸 撮 陶 読 芸 解 絵 法 真 レ ゼ
治 プ ク グ 猟 ン り ズ ダ み プ 像 編 読 リ 陶
政 人 道 主 義 者 コ ミ ュ ニ ティ 度 協 力 ゲ
ズ 府 影 芸 読 写 シ み ズ ゼ 陶 書 動 り ハ 喜
画 活 影 ダ ハ 撮 ー ー 絵 び 園 芸 ル ル 狩 グ

大使館	外国人
大使	政府
市民	人道主義者
コミュニティ	整合性
対立	正義
顧問	政治
協力	解像度
外交	安全
議論	解決
倫理	条約

13 - Électricité

読	品	量	ソ	ゲ	猟	書	撮	書	真	狩	魔	ャ	釣	園	ラ
興	ル	シ	ケ	陶	絵	狩	画	絵	画	絵	書	活	書	画	り
キ	ラ	ダ	ム	ッ	影	ム	キ	イ	ク	猟	パ	魔	リ	ム	ラ
狩	ン	釣	ト	グ	ク	パ	イ	パ	キ	芸	り	シ	写	シ	編
絵	プ	み	読	ク	パ	ダ	シ	ハ	ハ	真	編	活	書	ャ	書
喜	り	動	編	ー	ェ	写	シ	園	絵	キ	ャ	釣	興	活	ャ
キ	編	絵	パ	書	り	ジ	書	リ	喜	写	リ	物	動	み	真
ラ	リ	ム	リ	釣	ズ	ー	ブ	釣	写	ル	園	編	釣	池	釣
読	ズ	影	ラ	ラ	園	レ	ー	オ	絵	ブ	ゼ	ム	通	電	話
ン	エ	ジ	ル	園	グ	ト	レ	ー	ザ	ー	磁	パ	信	ハ	芸
テ	レ	ビ	品	ズ	リ	ス	ン	芸	リ	ケ	物	石	網	真	シ
喜	び	釣	師	技	気	電	り	魔	動	活	ャ	動	影	ゼ	エ
発	生	器	負	写	読	球	真	ジ	ズ	品	ー	ハ	猟	活	読
ク	園	ャ	狩	ク	撮	電	魔	活	園	絵	ン	ル	品	ャ	喜
み	物	ル	り	シ	正	気	キ	ハ	ク	興	ラ	品	味	ゲ	撮
シ	ー	影	影	書	り	リ	物	ジ	ワ	イ	ヤ	キ	ー	ハ	撮

磁石
電球
電池
ケーブル
電気技師
電気
ワイヤ
発生器

ランプ
レーザー
オブジェクト
ソケット
通信網
ストレージ
電話
テレビ

14 - Astronomie

銀	河	喜	芸	喜	書	ン	ム	絵	び	撮	猟	び	ゼ	ダ	興
ゲ	活	書	ン	ハ	品	ク	物	ゲ	地	品	リ	ー	法	ク	グ
ム	座	芸	動	園	釣	ラ	影	ー	球	ラ	魔	レ	影	レ	物
動	星	雲	プ	喜	喜	ゲ	陶	り	ダ	撮	魔	パ	ク	シ	パ
宙	ジ	惑	ゼ	影	真	写	み	園	ゲ	喜	魔	リ	み	み	絵
宇	宙	飛	行	士	ラ	興	パ	イ	園	ゼ	釣	ャ	食	芸	み
ゲ	天	台	ズ	ラ	陶	イ	空	イ	み	ゲ	写	リ	撮	ク	ズ
衛	ズ	文	ャ	動	工	真	ー	エ	ル	喜	レ	月	法	釣	釣
星	び	天	学	ロ	ケ	ッ	ト	ハ	レ	グ	み	編	パ	シ	イ
新	ル	ジ	グ	者	放	射	線	読	ム	ャ	魔	パ	ジ	書	ク
超	魔	ク	ム	流	ム	び	物	撮	ゼ	画	編	グ	ゲ	春	分
ズ	芸	ジ	陶	撮	星	惑	小	猟	ハ	シ	芸	ジ	狩	ダ	狩
リ	パ	ク	ン	グ	ク	ク	真	ゲ	法	ズ	キ	シ	太	陽	猟
ゼ	影	ズ	物	書	ジ	釣	ハ	撮	影	リ	読	園	ダ	絵	パ
動	編	芸	書	ル	真	影	読	イ	み	釣	レ	み	味	影	ン
味	ゼ	イ	猟	り	キ	み	ジ	エ	み	ン	ダ	芸	園	ジ	影

小惑星　　　　　　　　　天文台
宇宙飛行士　　　　　　　惑星
天文学者　　　　　　　　放射線
星座　　　　　　　　　　衛星
春分　　　　　　　　　　太陽
ロケット　　　　　　　　超新星
銀河　　　　　　　　　　地球
流星　　　　　　　　　　宇宙
星雲

15 - Physique

法 ン 核 シ ジ 加 密 ム グ 釣 ゼ 興 化 イ ム び
園 ハ 相 真 み 速 度 速 ン 品 ハ 魔 編 学 ム シ
影 品 対 絵 ル 法 混 ン 芸 芸 ク 陶 撮 品 薬 イ
リ 狩 性 び エ エ 沌 写 影 喜 狩 書 法 ダ グ 品
喜 法 理 周 ゲ ン レ 質 レ 画 式 キ 釣 ガ ス ズ
猟 イ 論 波 写 ジ 園 法 量 書 ー グ ハ 絵 法 ダ
り 魔 絵 数 園 ン ダ リ 撮 物 び ル 磁 物 猟 魔
ル 狩 ズ レ 園 猟 画 書 物 猟 活 プ 気 び ャ ル
猟 品 編 ク 物 分 子 動 興 動 ユ 法 ダ ム 撮 り
写 キ ジ ズ グ 撮 影 原 興 興 ニ 絵 動 ダ ラ ゲ
撮 芸 法 釣 カ 重 イ ル 読 電 バ プ 魔 ム レ 読
レ 園 イ 品 学 園 活 写 ハ 子 ー 品 味 ル エ ズ
キ り ハ ク 編 興 影 ジ 真 撮 サ ル 活 リ リ 読
イ ジ 狩 グ 釣 ム エ 園 キ り ル り 活 味 物 プ
シ り 興 イ 園 物 味 陶 プ ル び 粒 子 釣 ズ 法
み 品 狩 ャ パ ゼ レ ャ ジ 読 味 ル 書 ー 画 ダ

加速	磁気
原子	質量
混沌	力学
化学薬品	分子
密度	エンジン
電子	粒子
周波数	相対性理論
ガス	ユニバーサル
重力	速度

16 - Archéologie

研動ラ魔レ寺チーム陶ミステリーダ
ク究園り書遺ラ芸び器読骨クム不物
陶り者法釣物喜ゲ写興興喜喜撮明ジ
ゲ興ダ釣子孫興写ダダ物画ク読びン
ゲーャ芸ラグ猟動ー興エー写シ陶ン
狩工法画レ興りみハ釣グー書ラリ
読味園芸イ魔ズ興芸釣化年芸真ン芸
ゼル墓ャ陶陶編ー品ダ石ズハみ影忘
絵活陶陶ジみル狩ダズゼ絵パゲ芸れ
みゲゲダ狩釣園グレ狩ク画釣ら
み影読ルグ興活芸み品シ写喜評活れ
専門家ン猟ゲ品エオブジェクト価た
絵書編エン味園魔ルム活ン教読影リ
ゲダ喜ク陶絵編時芸喜動ダ物授味ム
文明エゲ釣シび代動園活レ喜ムびル
芸喜編ン分析ーラズ写ル画ムャ味陶

分析   化石
研究者   不明
文明   ミステリー
子孫   オブジェクト
専門家   忘れられた
時代   陶器
チーム   教授
評価   遺物

17 - Mammifères

び	リ	読	法	猟	釣	品	び	撮	物	魔	ゴ	魔	エ	狩	プ
園	ン	り	キ	撮	読	キ	興	ン	ダ	陶	リ	み	猫	象	
狩	画	影	ー	狩	狩	園	イ	写	影	パ	ズ	動	ラ	馬	芸
イ	法	興	コ	芸	ク	イ	動	ゼ	喜	プ	グ	う	さ	ぎ	品
レ	撮	ャ	ヨ	イ	グ	陶	法	ム	ャ	喜	釣	エ	真	キ	
写	絵	ゲ	ー	猟	熊	品	写	真	ダ	ゼ	リ	グ	真	編	
猟	読	絵	テ	ャ	グ	ル	魔	ー	り	品	レ	真	喜	ム	
ズ	ダ	ク	シ	園	ゲ	ゲ	猟	法	狼	犬	ャ	興	ズ	狐	
ル	イ	魔	活	ハ	プ	書	エ	陶	品	リ	キ	ズ	イ	園	
陶	読	猟	り	リ	釣	園	喜	ク	活	ー	リ	ダ	芸	イ	活
活	影	動	編	興	ル	物	レ	ー	ル	ガ	ン	カ	ゲ	り	読
エ	真	活	キ	園	ラ	ク	リ	ー	影	ジ	オ	エ	書	ズ	興
法	ブ	絵	ゼ	キ	書	影	影	プ	品	虎	イ	芸	パ	書	読
味	ル	物	ゲ	陶	活	キ	ン	羊	絵	影	ラ	イ	ル	カ	鯨
書	魔	ハ	シ	シ	マ	ウ	マ	ダ	ン	グ	ハ	ジ	プ	絵	ゼ
ダ	書	レ	猿	グ	園	プ	イ	ジ	パ	読	物	動	ャ	イ	喜

コヨーテ　　　　　　　　うさぎ
イルカ　　　　　　　　　ライオン
キリン　　　　　　　　　ブル
ゴリラ　　　　　　　　　シマウマ
カンガルー

18 - Chocolat

```
物 狩 芸 編 酸 パ 成 ャ 興 猟 ゼ 猟 ラ 魔 プ 書
撮 品 パ み 化 活 分 ル 編 ハ パ び 活 動 エ 魔
ハ 陶 編 喜 防 ハ ハ シ 魔 ク 味 真 動 エ キ リ
釣 レ 渇 シ 止 ラ 味 ン 絵 ム 美 ー ズ ム ゾ ゼ
ラ 画 望 工 剤 ジ ー 編 喜 狩 ン 味 ー 興 チ 絵
み シ 職 ル 釣 影 画 プ 編 パ ラ 粉 し シ ッ び
レ ズ 味 人 リ お 香 クル 動 喜 絵 狩 い ク イ
コ コ ナ ッ ツ 気 り 狩 物 メ 狩 ム エ ダ グ 撮
ズ ラ プ レ イ に 釣 ダ 園 ジ ラ オ 絵 撮 ズ 芸
活 狩 園 動 味 入 活 ル 興 キ み カ パ シ 陶 喜
レ ゲ ズ ハ 編 り 読 ン ン り カ 品 写 活 狩
シ シ 写 レ 狩 陶 書 レ グ イ プ ロ 質 苦 ャ ー
ピ 絵 ダ 園 グ 喜 ハ 釣 一 釣 興 リ 書 い み 品
芸 ズ レ キ 書 芸 絵 動 キ 喜 エ ー 読 甘 ジ 砂
イ 書 法 ル ム 品 影 ャ ズ 画 読 パ 味 ゲ 読 糖
イ 絵 芸 撮 ピ ー ナ ッ ツ 喜 キ シ ゼ キ 活 ダ
```

苦い	甘い
酸化防止剤	渇望
香り	エキゾチック
職人	お気に入り
ピーナッツ	成分
カカオ	ココナッツ
カロリー	品質
カラメル	レシピ
美味しい	砂糖

19 - Mathématiques

ラ写喜パゲ動芸ーみ垂パジゼ動狩ゼ
画狩味ゼハ画動園興直喜魔ャキ小ハ
園ジ対グ狩み書プ園芸書真方程式数
プキ称絵陶り品ゼン撮書味ンキ周指
直プハリゲ分り動画クンリ芸ダ囲ー
み径味矩半編数平行四辺形ルりりジ
釣釣法形径算園グ品ジ法角ゼゲ味ル
味ダ度角ー術陶クびャ陶三シ影動プ
ボ味リ多ラ法興物読ジダ味影パ撮物
リキプ狩キゼ喜イり写陶幾ダ園みャ
ュシ芸ム平編グ編ルゲシ何ラ芸イイ
ー書絵活行狩編園イ撮ラ学写エ影シ
ム写品シパ狩プ動パ園円周キ陶グ物
シ画撮読味書物ム編法写画写ゼ陶ゲ
釣猟品撮活パ絵ンイ味動ハジみジル
エラ和芸真活ャ品釣品読品物編陶撮

角度	平行四辺形
算術	垂直
円周	周囲
小数	多角形
直径	半径
指数	矩形
方程式	対称
分数	三角形
幾何学	ボリューム
平行	

20 - Mythologie

```
魔 ム 信 園 写 興 絵 ゼ レ 釣 嫉 原 ン 書 物 ハ
リ ズ 念 行 復 讐 絵 ー 法 み 妬 型 喜 画 パ ン
影 キ イ 動 エ ハ キ 法 ラ ハ 猟 ム ヒ ル ラ 編
魔 書 ラ 釣 イ ー 撮 み ゼ 狩 ル ター モ ャ 写
エ 芸 ゲ 魔 り 喜 び 作 強 ジ 絵 ン ロ ャ 興 レ
み ラ 伝 生 き 物 法 成 陶 さ 編 ン ー 動 キ 読
陶 ビ 真 説 災 撮 ジ 編 釣 興 ム ダ キ ク ダ 写
ル リ 味 法 害 影 エ レ ャ 画 リ ラ ズ 猟 画 読
写 ン ジ 動 読 イ 書 び 動 狩 レ 動 喜 味 ゲ 書
園 ス 魔 釣 読 文 絵 陶 雷 味 影 リ 狩 ゼ 品
ダ 影 書 陶 パ ハ 化 喜 撮 品 芸 み ゲ 読 ズ キ
ャ 真 園 ン 撮 喜 み ー 撮 品 び ダ 物 狩 釣 ク
ゼ 書 園 ジ 画 画 読 ラ み 芸 品 猟 み ラ ゼ
戦 パ ン 狩 動 み ム 魔 法 の 不 死 イ 絵 イ ハ
芸 士 ラ 動 エ シ 法 リ 品 物 ハ 釣 活 園 稲 パ
パ イ ク ダ モ ン ス タ ー 魔 ム 読 品 シ パ 妻
```

原型
災害
行動
作成
生き物
信念
文化
稲妻
強さ
戦士

ヒーロー
不死
嫉妬
ラビリンス
伝説
魔法の
モンスター
モータル
復讐

21 - Restaurant #2

品	レ	物	味	釣	エ	シ	読	プ	興	フ	読	ー	編	卵	撮
キ	ャ	ラ	椅	子	ダ	ハ	ー	動	キ	ル	ー	ン	動	り	魚
法	品	活	狩	り	活	エ	パ	品	味	ー	タ	イ	ェ	ウ	ゲ
ダ	編	写	画	編	画	撮	猟	ゼ	ハ	ッ	ケ	ム	ク	ク	ル
動	ゼ	画	麺	ラ	エ	ル	味	編	品	魔	ク	シ	狩	パ	興
写	味	ゲ	シ	撮	ル	イ	味	写	パ	ム	レ	魔	動	書	り
シ	キ	物	グ	動	興	ル	動	魔	パ	画	ー	ン	真	り	シ
リ	ゼ	釣	書	動	真	シ	活	魔	興	ゼ	陶	パ	釣	ル	興
り	フ	ゲ	撮	エ	ダ	ラ	サ	読	物	猟	ダ	魔	り	魔	リ
エ	ン	ォ	プ	イ	ゼ	美	ン	み	タ	食	プ	絵	法	撮	ゼ
釣	味	ン	ー	プ	ス	味	パ	チ	物	魔	み	味	撮	品	ー
ラ	ダ	動	ス	ク	イ	し	影	ク	プ	ム	ム	み	キ	釣	真
プ	り	飲	パ	編	パ	い	ゃ	野	ゼ	レ	写	魔	シ	真	り
キ	グ	料	ム	ゲ	ス	リ	書	菜	真	読	ン	釣	ク	ク	ゃ
氷	法	活	狩	影	り	ン	写	真	み	園	編	撮	プ	興	編
水	芸	興	真	写	興	真	写	真	撮	キ	イ	塩	魔	ー	ハ

飲料
椅子
スプーン
ランチ
美味しい
夕食
スパイス

フォーク
フルーツ
ケーキ
野菜
サラダ
ウェイター
スープ

22 - Couleurs

```
イ 物 法 物 ズ パ ャ 絵 パ 活 レ ズ リ パ 魔 魔
タ ン ゼ マ ピ ゼ ル 喜 編 絵 ン 真 書 フ 猟 ジ
リ ゾ ジ 興 ン ダ 真 キ 書 キ 紫 撮 び ク イ 書
ジ ム ン ゴ ク ブ ラ ッ ク 影 ゼ 写 猟 シ 真 シ
ダ リ レ リ 釣 芸 猟 レ 影 法 プ プ 味 ア 興 ズ
撮 ク オ ベ プ シ 書 ジ 猟 ン ク 画 び ピ エ 活
ダ 写 園 ー レ グ プ び 白 い び 品 ム セ 興 写
編 ー 影 ジ 活 魔 ラ イ び リ グ ー レ ピ 味 編
ャ プ 活 ュ 緑 魔 釣 編 陶 赤 プ 芸 グ エ ハ 編
ゲ り ゲ 黄 プ ム キ 紺 書 陶 レ パ ル 物 読
ル リ 画 色 法 み 読 碧 レ 真 写 レ パ 陶 品 エ
ハ ダ 魔 影 撮 物 読 味 法 ラ 茶 ダ シ 撮 品 書
魔 ラ 編 エ 味 真 法 グ 品 猟 ジ 色 ン ア ダ プ 味
レ ジ 陶 園 芸 読 エ 画 編 び ン 物 絵 ー ハ ラ
猟 イ イ ク ク 喜 エ 活 シ 興 編 芸 動 青 芸 ク
イ ャ リ 書 動 パ パ キ シ 撮 リ イ 写 ン リ キ
```

紺碧	黄色
ベージュ	マゼンタ
白い	茶色
クリムゾン	ブラック
シアン	オレンジ
フクシア	ピンク
グレー	セピア
インジゴ	

23 - Beauté

```
エ レ ガ ン ト は 肌 レ 優 リ レ み レ ゲ 園 サ
ラ 動 猟 イ ハ レ さ 活 雅 マ ス カ ラ 芸 ズ ー
法 ラ ロ 紅 製 真 法 み 興 ゲ 活 味 釣 ラ ハ ビ
ジ ィ ャ ジ 品 編 キ リ ク り オ 品 ゼ ジ ム ス
魔 編 魔 ジ 真 芸 ン 香 り プ リ イ ハ 園 影 キ
ズ 釣 リ ャ 釣 魔 書 り 喜 み ク ル 読 ム 法
動 ズ フ ォ ト ジ ェ ニ ッ ク 法 法 ー 園 活 ラ
写 ハ 喜 化 陶 ズ プ 興 陶 絵 ダ 影 ゼ ャ 写 園
陶 真 品 粧 化 ク 猟 パ ゼ 法 真 ズ び 猟 グ グ
法 影 動 ハ 動 書 物 編 釣 芸 喜 び り カ ー ル
イ ゲ 法 プ ム レ ゲ 興 ス 編 リ 園 書 品 プ ラ
ャ 画 リ ゲ ハ ズ ダ 興 タ 読 品 ム ク エ ン 芸
ズ ズ レ 鏡 品 絵 編 レ イ ー ャ 真 猟 読 ャ リ
影 プ パ 絵 興 ズ ラ 味 リ パ ム パ 園 ラ シ ャ
リ イ 猟 影 園 ハ エ 色 ス 魔 絵 ム 品 魅 グ 絵
園 撮 ジ ダ ル 編 書 猟 ト 園 ャ 編 ル プ カ ダ
```

カール	マスカラ
魅力	香り
はさみ	フォトジェニック
化粧品	製品
優雅	口紅
エレガント	サービス
オイル	シャンプー
化粧	スタイリスト

24 - Avions

イ 動 ラ 絵 ム パ 撮 写 釣 編 釣 乱 流 ル 真 パ
シ ン 陶 画 園 イ 冒 ク 燃 動 ン 影 み ダ 動 喜
読 釣 魔 り プ 険 ゼ 料 編 猟 高 さ ャ 陶 ゼ プ
画 り 喜 狩 ゼ ッ 喜 ー イ 下 喜 ク 狩 ゼ 物 法
陶 影 動 方 狩 ト 法 味 降 ル 水 撮 魔 物 ク ル
雰 囲 気 向 狩 法 ダ 芸 ル 素 園 エ ク 法 動
ゼ ャ 旅 品 レ ゼ 品 園 ゼ 書 パ 法 絵
ク シ 客 興 動 イ 法 ム キ 撮 リ ジ 活 ム レ エ
ク シ イ び 興 ク 法 ャ 猟 ー 絵 ン ゲ 歴 園
動 物 ラ 魔 活 物 エ 法 真 ー 撮 ゲ エ 史 高
膨 ら ま せ る ラ 建 ー グ レ 撮 ハ 活 イ 園 度
レ プ ー 画 活 書 設 絵 動 写 影 ー ゼ 動 エ ゼ
園 ー 動 ゼ ゲ 味 ャ キ エ り 写 真 ゲ 読 レ グ
着 り ラ 法 ゼ パ 釣 ー み 釣 ゼ 写 法 気 空 ゼ
ク 陸 絵 書 エ 釣 品 ハ 園 活 ン ル 味 芸 空 園
り 品 ム 陶 プ 味 動 動 園 クル ー 品 芸 ン 活

空気	クルー
高度	膨らませる
雰囲気	高さ
着陸	歴史
冒険	水素
バルーン	エンジン
燃料	旅客
建設	パイロット
降下	乱流
方向	

25 - Aventure

```
困 新 書 ナ イ 動 プ 味 味 パ ン 陶 び 芸 ズ 物
ー 難 着 ビ ジ ジ 品 動 ハ 陶 グ 自 然 ズ 機 釣
写 品 物 ゲ 編 み 園 撮 編 ズ 危 シ 画 ク 会 リ
旅 品 写 ー 真 ム 写 プ 写 エ 険 友 準 備 ル パ
程 陶 真 シ 猟 ハ 絵 ラ キ ダ な 達 課 題 ャ り
陶 ー 書 ョ リ ク 釣 安 真 ハ り チ ャ ン ス ム
ジ ル ム ン 画 イ 味 全 り キ 狩 芸 陶 プ ズ び
狩 び ン ク 遠 ャ 物 性 喜 動 パ 書 喜 ズ 喜 喜
園 狩 ハ ゲ 足 ル 物 シ グ 影 ゼ エ 法 活 物 キ
真 リ 動 味 物 味 勇 気 エ 品 撮 ゲ 撮 編 エ 狩
喜 び 猟 読 物 写 味 画 ゼ 影 パ グ り 陶 品 法
ゲ ゼ 書 書 喜 シ プ 行 ゼ 影 ム シ ゲ 品 グ ク
ゼ 熱 陶 動 絵 ダ 書 き 読 イ 猟 芸 活 ー 喜 ー
プ 影 意 ダ イ 美 ゲ 先 撮 ル 影 ハ 動 パ 撮 編
リ 興 陶 ダ 猟 し 品 味 撮 プ 陶 グ 興 ラ パ ゼ
狩 レ 珍 し い さ 狩 影 猟 猟 芸 ル ゼ 芸 パ ゼ
```

活動	遠足
友達	珍しい
美しさ	旅程
勇気	喜び
チャンス	自然
危険な	ナビゲーション
行き先	新着
課題	機会
困難	準備
熱意	安全性

26 - Ville

び	撮	味	ジ	ン	ラ	ト	ス	レ	影	パ	ゲ	ズ	ダ	エ	動
プ	ズ	画	薬	局	ゲ	書	ッ	パ	グ	絵	ジ	パ	写	画	写
エ	撮	画	り	絵	ハ	読	影	ケ	ム	活	イ	物	キ	ャ	ル
シ	り	書	ジ	み	ギ	ャ	ラ	リ	ー	ジ	ン	味	興	ジ	撮
グ	魔	ダ	書	店	釣	物	プ	ャ	び	マ	花	屋	イ	ム	動
陶	活	エ	パ	り	グ	撮	パ	グ	影	ル	ー	撮	ハ	ア	イ
り	書	プ	陶	プ	ン	シ	ホ	テ	ル	ダ	画	パ	書	ジ	芸
グ	物	ン	猟	ゲ	味	シ	絵	ズ	プ	釣	撮	劇	ー	タ	影
グ	ー	ー	画	シ	ズ	ル	味	シ	銀	行	喜	場	ク	ス	法
ゼ	市	ラ	写	ー	喜	リ	ゲ	グ	画	動	写	博	絵	校	ム
リ	場	シ	ネ	マ	グ	法	ン	み	ベ	ゲ	動	物	大	学	診
エ	ー	ル	影	撮	み	ゼ	ズ	動	法	ー	動	館	書	図	療
影	陶	び	ー	物	編	ゲ	キ	品	ラ	興	カ	ン	シ	魔	所
画	ー	り	レ	シ	イ	写	興	ラ	興	法	ャ	リ	動	物	園
リ	レ	シ	リ	興	ダ	キ	活	リ	空	み	み	ジ	ー	写	プ
影	興	プ	ャ	画	グ	魔	芸	ャ	ダ	港	画	グ	び	ダ	ー

空港	書店
銀行	市場
図書館	博物館
ベーカリー	薬局
シネマ	レストラン
診療所	スタジアム
学校	スーパーマーケット
花屋	劇場
ギャラリー	大学
ホテル	動物園

27 - Ingénierie

ダ	ジ	喜	影	ゼ	ゲ	絵	ゼ	興	ャ	回	転	ハ	建	パ	ハ
エ	陶	真	写	編	ジ	園	芸	ハ	書	キ	グ	書	設	リ	動
ー	エ	リ	ジ	芸	写	陶	ャ	編	ハ	編	深	さ	強	興	ム
興	プ	画	レ	狩	書	魔	プ	喜	シ	ディ	ー	ゼ	興	び	絵
び	キ	プ	パ	画	真	編	ャ	園	法	ゲ	陶	タ	び	喜	画
分	布	液	体	直	径	画	動	ャ	品	り	ゼ	陶	ー	動	プ
釣	シ	猟	び	ゼ	ゲ	推	進	図	リ	真	園	画	モ	び	ダ
角	ジ	ゲ	園	喜	ル	構	狩	ン	真	パ	び	み	喜	喜	ン
エ	度	レ	動	イ	味	造	グ	絵	動	イ	物	狩	グ	真	り
ャ	ネ	真	リ	ラ	猟	ゼ	物	ン	真	イ	狩	み	動	エ	エ
ズ	興	ル	写	画	活	影	真	読	り	読	狩	陶	ャ	軸	シ
撮	リ	ア	ギ	編	芸	ム	計	動	活	機	読	ズ	ャ	喜	ン
陶	ル	ム	活	ー	安	定	性	算	キ	械	写	魔	真	レ	レ
撮	レ	写	ー	ー	ズ	測	法	ャ	動	ル	興	リ	ク	撮	ン
り	品	活	り	ラ	魔	魔	読	喜	法	ル	編	釣	パ	真	読
ー	レ	絵	品	ラ	狩	活	写	エ	グ	喜	キ	リ	撮	ダ	読

角度　　　　　　液体
計算　　　　　　機械
建設　　　　　　測定
直径　　　　　　モーター
ディーゼル　　　深さ
分布　　　　　　推進
ギア　　　　　　回転
エネルギー　　　安定性
強さ　　　　　　構造

28 - Énergie

リ	写	再	ム	ズ	光	子	エ	ン	ト	ロ	ピ	ー	び	イ	ラ
レ	核	生	み	リ	品	ダ	猟	ハ	ゲ	陶	興	ダ	芸	エ	シ
狩	芸	可	絵	ガ	業	界	炭	素	芸	ル	レ	品	ゲ	品	ジ
イ	り	能	熱	ソ	物	絵	ラ	水	ル	真	エ	編	画	ル	物
ジ	書	モ	リ	リ	ゼ	ジ	ハ	ジ	物	イ	味	園	陶	味	み
ン	ビ	ー	タ	ン	太	写	画	ラ	パ	影	ディ	ー	ゼ	ル	ル
グ	ム	タ	ー	影	陽	リ	読	撮	ム	グ	撮	キ	法	味	ム
読	物	ー	影	ダ	ル	ゼ	喜	写	汚	法	エ	リ	リ	狩	芸
イ	エ	キ	ダ	写	書	ジ	ダ	釣	染	風	陶	活	ン	ズ	動
ム	び	園	ル	ル	影	ジ	ゼ	ラ	興	ン	ズ	ク	気	物	写
芸	ズ	ゼ	猟	レ	ラ	ャ	写	パ	リ	レ	影	画	電	釣	魔
品	影	陶	撮	ー	燃	パ	び	キ	キ	画	電	物	イ	池	ダ
レ	環	陶	ル	ラ	料	動	味	プ	り	活	子	法	釣	ン	釣
プ	み	境	リ	り	ゼ	リ	写	ー	釣	ゲ	写	ダ	シ	読	ム
喜	ラ	喜	動	み	ル	陶	写	ャ	魔	真	品	エ	ゲ	品	陶
ズ	絵	キ	真	グ	陶	撮	画	魔	写	読	り	び	芸	撮	び

電池   水素

炭素   業界

燃料   モーター

ディーゼル   光子

エントロピー   汚染

環境   再生可能

ガソリン   太陽

電気   タービン

電子

29 - Corps Humain

喜 リ 絵 首 足 肘 ジ 活 ダ キ ム 読 エ 編 イ び
動 影 パ 味 ラ ャ ク ズ パ 物 ャ 品 書 肩 パ ャ
イ 猟 り ン パ ハ 魔 ゼ 画 ズ 園 画 シ 陶 脳 ー
ハ ゲ 影 動 画 ム 法 エ 書 写 狩 ハ ク ム レ イ
ン 耳 園 ゼ リ 狩 読 狩 レ ハ ハ 喜 芸 絵 手 物
心 臓 ハ 真 真 興 エ 影 狩 読 陶 写 喜 釣 園 ハ
園 ゼ 絵 法 ン イ り 唇 り グ ダ 書 顔 編 頭 読
エ 魔 り レ 指 胃 味 編 ー ゲ 真 画 興 品 パ ク
ダ グ 釣 芸 芸 味 動 ダ ハ 撮 芸 キ シ 釣 ン 興
味 レ 法 ル 釣 グ パ 陶 り 影 動 ン 絵 ゲ エ 狩
グ 狩 ャ 顎 キ ク キ 撮 活 ル ラ ダ み 狩 狩 釣
キ ダ シ エ 読 鼻 物 ク 舌 写 ラ 血 イ 芸 ル ハ
興 ラ 物 膝 ン 物 写 び ロ 喜 ダ 動 編 猟 ズ 魔
活 ゲ 動 り 肌 写 ズ 興 ク ル イ 陶 り 読 り 撮
陶 魔 び 品 ー み 書 ハ 陶 ゼ 真 法 味 ズ 品 真
真 キ リ ラ ハ 書 陶 狩 活 リ 味 ャ 芸 ラ 釣 び

足首　　　　　　　　　　心臓

30 - Biologie

ホ	書	リ	釣	ン	狩	ズ	り	品	影	シ	突	ダ	酵	ズ	シ
ラ	ル	光	合	成	プ	狩	真	哺	陶	品	然	動	素	釣	物
び	ラ	モ	動	編	イ	物	法	乳	ー	レ	変	ラ	ル	ム	活
パ	ュ	写	ン	ル	エ	ラ	キ	類	浸	透	異	絵	喜	ズ	狩
興	チ	コ	ラ	ー	ゲ	ン	写	虫	編	興	イ	法	撮	胞	細
レ	ナ	ー	写	り	ー	プ	シ	爬	物	活	釣	絵	ズ	品	菌
釣	ニ	共	ム	興	ダ	プ	ハ	レ	み	品	芸	ム	興	写	園
物	ュ	生	パ	書	ン	シ	写	ズ	園	編	法	写	味	ジ	魔
ジ	ー	リ	影	活	リ	絵	芸	プ	ダ	り	ム	活	ャ	品	園
品	ロ	解	ム	パ	法	神	撮	画	撮	プ	品	イ	芸	ム	読
ズ	ン	パ	剖	編	魔	経	び	ラ	ラ	釣	ハ	ー	み	キ	ダ
進	化	狩	ジ	学	シ	ナ	プ	ス	魔	染	色	体	真	シ	魔
法	ゼ	ー	り	ル	ル	ズ	ラ	ル	パ	胚	物	ジ	喜	ゲ	釣
釣	園	影	撮	品	陶	グ	プ	喜	動	り	レ	み	シ	陶	興
興	品	み	写	読	編	み	法	影	ラ	ゼ	ャ	猟	ズ	真	撮
撮	ラ	エ	ダ	ズ	ク	動	味	園	タ	ン	パ	ク	質	読	み

解剖学	ナチュラル
細菌	神経
細胞	ニューロン
染色体	浸透
コラーゲン	光合成
酵素	タンパク質
進化	爬虫類
ホルモン	共生
哺乳類	シナプス
突然変異	

31 - Épices

ャ	ー	画	真	サ	ジ	動	動	レ	甘	写	玉	喜	パ	興	読
芸	ダ	ハ	絵	フ	苦	い	真	グ	カ	草	葱	動	キ	み	狩
塩	ン	レ	エ	ラ	ニ	バ	ー	ム	レ	喜	陶	魔	レ	猟	り
ム	ア	ニ	ス	ン	ミ	ク	釣	味	ー	絵	喜	書	り	エ	釣
ャ	リ	み	グ	ン	猟	ゼ	フ	ェ	ン	ネ	ル	シ	リ	ー	芸
エ	コ	写	ガ	ダ	書	読	び	興	編	園	シ	シ	読	ラ	陶
ー	編	シ	ウ	プ	魔	味	ジ	撮	イ	ャ	影	ク	活	品	味
写	ム	プ	ョ	ル	パ	び	興	イ	影	ン	猟	園	ズ	ゲ	ハ
ン	モ	ナ	シ	ウ	プ	リ	リ	動	エ	レ	陶	影	リ	ル	ジ
イ	真	ツ	ハ	撮	リ	魔	狩	ラ	ル	魔	ゼ	カ	び	活	プ
ム	ン	メ	猟	真	カ	レ	狩	絵	シ	絵	釣	ル	ム	味	芸
撮	喜	グ	イ	キ	真	喜	味	味	猟	ン	ン	ダ	画	陶	法
味	編	ダ	ー	サ	レ	書	び	絵	ン	陶	ハ	モ	エ	味	品
ニ	ン	ニ	ク	ワ	園	影	猟	動	シ	猟	写	ン	芸	猟	物
グ	動	編	ジ	ー	書	活	園	動	狩	喜	芸	真	狩	リ	影
ジ	ー	ャ	画	り	絵	み	釣	り	陶	写	魔	キ	狩	画	ラ

サワー	フェンネル
ニンニク	ショウガ
苦い	ナツメグ
アニス	玉葱
シナモン	パプリカ
カルダモン	コショウ
コリアンダー	甘草
クミン	サフラン
カレー	バニラ

32 - Agronomie

レ	ー	絵	絵	画	ラ	リ	陶	真	シ	び	魔	ハ	エ	食	狩
グ	ゼ	園	び	影	パ	ダ	農	シ	ス	環	境	パ	土	べ	肥
シ	グ	レ	ズ	レ	ジ	魔	業	グ	テ	魔	リ	釣	病	物	料
プ	ラ	ム	喜	活	ラ	ゼ	リ	エ	ム	プ	ン	ゲ	気	猟	プ
画	芸	ラ	撮	び	活	び	ム	編	狩	ハ	プ	ン	ム	写	ラ
物	活	猟	読	ゲ	ゲ	魔	レ	喜	興	パ	釣	ャ	写	陶	法
エ	ハ	読	猟	画	編	パ	書	興	影	狩	リ	ハ	書	ル	り
イ	キ	エ	物	ン	ズ	陶	園	編	狩	ム	ラ	ク	品	編	イ
び	り	ネ	狩	侵	リ	写	猟	ャ	狩	種	子	動	エ	み	ル
物	ル	ル	水	食	生	態	学	田	舎	写	品	読	ク	品	ラ
活	芸	ギ	成	動	ン	絵	科	グ	編	リ	ゲ	物	ズ	真	書
興	魔	ー	長	魔	ラ	野	ク	芸	エ	ー	勉	強	魔	編	釣
ゲ	ン	レ	味	パ	芸	菜	活	ゼ	法	釣	絵	グ	シ	ム	び
狩	ラ	陶	プ	興	ゲ	び	猟	汚	研	ン	グ	ャ	書	エ	味
活	編	園	魔	陶	生	産	喜	染	究	物	画	活	シ	プ	法
ズ	撮	り	品	ク	園	ジ	写	真	シ	ダ	編	キ	レ	味	法

農業	野菜
成長	病気
肥料	食べ物
環境	汚染
生態学	生産
エネルギー	研究
侵食	田舎
勉強	科学
種子	システム

33 - Science

```
編 影 味 動 ャ ム 読 編 ハ シ ゲ ハ 魔 み 研 レ
ジ シ ゼ シ 物 分 魔 喜 活 写 り ン グ シ 究 園
リ 気 プ 編 理 物 子 原 ダ ム 動 編 魔 シ 室 魔
び 候 書 者 学 科 粒 イ ル ャ 味 画 芸 編 レ シ
書 写 書 シ キ み 編 キ 品 ラ パ 陶 編 デ ー タ レ
り 真 影 エ 釣 編 キ ク ゼ ム 狩 真 園 陶 法 び
ハ ン 写 喜 写 ダ び ゲ エ パ 味 興 イ り び 画
園 パ レ ム 真 味 読 活 編 グ 方 法 書 ー び ー
芸 園 イ ハ み 真 狩 石 真 読 ャ 書 狩 活 狩 活
レ み 写 仮 物 撮 ー 化 学 薬 品 み 物 釣 ャ 書
ダ 進 化 画 説 グ 狩 り 興 味 ズ 絵 陶 キ 動 影
ャ グ 絵 ラ 味 狩 自 り 味 狩 ゼ ラ 真 ダ 影 キ
ゼ ジ び 陶 ゲ 観 然 法 ミ 編 撮 猟 狩 喜 実 事
狩 ラ エ 喜 読 察 編 編 ネ リ 味 味 重 画 験 ジ
ャ ズ 喜 イ 影 写 ゲ 真 ラ 生 ン 写 力 狩 ズ キ
ゲ リ 真 プ み 味 品 味 ル 真 物 ゼ ー ゲ 絵 ン
```

原子	研究室
化学薬品	方法
気候	ミネラル
データ	分子
実験	自然
進化	観察
事実	生物
化石	粒子
重力	物理学
仮説	科学者

34 - Vêtements

```
画 パ エ 味 喜 ン 狩 フ び ゃ 影 り ブ 絵 喜 陶
ク ン イ 影 ド 陶 ゼ ァ 物 ジ ラ 陶 レ グ シ 魔
セ ツ ズ 品 ス レ ク ッ ネ ャ パ グ ス ウ ラ ブ
陶 ー エ プ ロ ン ス シ ゼ ケ 真 ラ レ 読 リ 品
ー 編 タ 陶 書 撮 味 ョ リ ッ み ゼ ッ ハ 陶 プ
靴 み 魔 ー 園 ム ダ ン サ ト ゼ 芸 ト ー カ ス
ラ マ ャ ジ パ イ 帽 ラ ン 読 ラ 書 ー 魔 物 リ
喜 物 写 読 ー ダ 子 影 ダ ャ グ 活 コ ン パ 猟
ダ 真 シ ダ 写 ン ン り ル 法 影 法 編 ク 撮 ク
喜 ハ 法 エ 活 陶 ズ ラ 活 影 狩 画 シ 読 影 み
陶 ー プ 芸 画 撮 写 真 絵 グ び ゲ 書 工 陶 動
撮 芸 グ ゼ 画 ジ パ ン 写 味 ダ ク び 編 猟 ベ
品 編 ン 法 り イ び キ ダ ン 絵 ク リ 品 び ル
ス カ ー フ 動 ズ 魔 ハ ラ ン 法 喜 ル 編 編 ト
動 猟 エ み 真 書 陶 喜 魔 び パ 編 ズ 魔 ラ ン
キ 書 シ ャ ツ 活 法 手 袋 書 書 書 興 園 ー イ
```

ブレスレット	コート
ベルト	ファッション
帽子	パンツ
シャツ	セーター
ブラウス	パジャマ
ネックレス	ドレス
スカーフ	サンダル
手袋	エプロン
ジーンズ	ジャケット
スカート	

35 - Arts Visuels

```
動 ジ ポ プ ダ ハ 動 ゼ 活 ャ 釣 ー グ 絵 狩
リ ラ ー み プ ハ 粘 土 グ グ 創 絵 写 ゲ パ 真
エ 読 ト キ ズ イ ア 絵 イ 園 造 び り ル ー 釣
キ 芸 レ パ 彫 撮 ー ク ラ イ 性 り 影 園 ス 味
み ハ ー イ 刻 魔 テ ル 品 品 ー 喜 陶 器 ペ リ
イ 読 ト 画 ズ ン ィ チ ョ ー ク ゼ ク ジ ク 法
魔 書 読 ズ 絵 画 ス ニ ワ 芸 ペ キ ル 鉛 テ 建
絵 興 ク レ 編 映 ト 釣 構 真 ハ ン シ 筆 ィ 築
物 ム 画 ム 絵 狩 喜 喜 成 シ エ 動 ン ム ブ 狩
ハ 園 り 真 影 園 り 画 ズ 興 法 園 テ ー 影 芸
書 ジ 画 味 品 動 ー ゲ 芸 真 ゲ エ ス ル パ 画
写 パ び 魔 グ ン 絵 ズ 撮 書 狩 写 写 ル 動 ゼ
ゲ 画 法 ル 傑 作 魔 味 編 芸 イ キ キ 陶 活 猟
品 イ ズ エ 喜 パ 物 真 味 キ グ 影 リ ジ 影 ゲ
法 猟 陶 撮 ゼ ワ ッ ク ス 味 シ ク ャ 品 り 法
品 ダ キ 編 ズ り 写 活 ズ 炭 編 ン ダ イ ジ 品
```

建築	映画
粘土	絵画
アーティスト	パースペクティブ
傑作	ステンシル
イーゼル	ポートレート
ワックス	陶器
構成	彫刻
チョーク	ペン
鉛筆	ワニス
創造性	

36 - Méditation

シ	ズ	魔	書	考	思	プ	エ	平	ハ	パ	ー	芸	ズ	み	猟
ダ	ラ	釣	感	ゲ	真	い	ー	撮	和	ハ	ズ	び	活	ン	ズ
動	真	陶	イ	情	撮	ゼ	や	味	リ	ク	マ	リ	動	ズ	読
ダ	ダ	動	キ	レ	猟	猟	ム	ャ	シ	イ	編	ズ	リ	キ	編
猟	レ	き	パ	ー	ス	ペ	ク	ティ	ブ	ン	エ	ハ	キ	シ	ジ
び	グ	陶	絵	写	リ	イ	ズ	感	動	み	ド	沈	黙	シ	活
狩	り	ズ	プ	編	ー	釣	ー	謝	み	撮	喜	自	び	品	釣
興	シ	み	書	影	呼	レ	読	シ	ダ	魔	注	然	ン	み	み
絵	キ	ジ	ー	み	吸	ゼ	編	イ	法	絵	意	ー	キ	パ	陶
真	キャ	興	ゲ	興	イ	狩	エ	ゲ	メ	プ	影	絵	陶	品	品
ン	シ	明	快	動	ゼ	活	ジ	釣	ラ	ン	イ	シ	び	絵	ズ
ズ	レ	品	音	ズ	ラ	猟	芸	工	芸	タ	習	慣	陶	影	ャ
書	ダ	ル	楽	釣	ダ	影	ー	ハ	シ	ル	物	狩	ゲ	ゃ	パ
編	狩	プ	絵	親	切	受	け	入	れ	姿	勢	シ	編	び	レ
ジ	ジ	プ	グ	観	察	パ	品	ク	活	リ	ン	グ	リ	ン	ハ
ハ	絵	品	興	猟	釣	魔	り	陶	読	喜	プ	リ	真	ャ	味

受け入れ	動き
注意	音楽
明快	自然
思いやり	観察
マインド	平和
感情	思考
親切	パースペクティブ
感謝	姿勢
習慣	呼吸
メンタル	沈黙

37 - Littérature

```
ム 物 園 レ 書 ダ 類 ハ ダ ル 喜 イ イ ジ リ リ
ジ グ ク ハ 陶 法 推 ジ ダ ハ 味 ム 品 味 詩 的
レ ム 法 ジ 撮 イ 画 ズ 編 活 絵 り ズ ジ 影 動
喜 物 書 ダ ゲ 影 ゼ 対 プ ジ ジ み 撮 ム ク ン エ
み 活 読 魔 編 陶 パ 話 絵 フ ィ ク シ ョ ン ン エ
シ ン ン シ ゲ ン 釣 キ ズ エ 魔 ラ 狩 ゼ 品 び
ム み ゼ 芸 著 読 リ 味 み リ プ 釣 ク ク 書 芸
ク 書 撮 ク 者 シ 画 撮 喜 味 ゲ 味 書 エ ム 芸
プ ナ 動 写 び 芸 伝 パ 編 り り 分 レ 物 ゲ
品 パ レ ゲ ン ジ 釣 記 比 法 動 写 析 活 説 明
テ ー マ ー ク 陶 魔 撮 喩 興 パ 園 動 ゲ エ 喜
活 シ グ 芸 タ ン ゲ 陶 ハ 狩 画 法 プ 結 論 悲
狩 ジ 画 小 説 ー 活 ハ ゲ 書 写 プ ハ 動 撮 劇
絵 み ズ 比 ー 写 書 釣 釣 園 編 品 レ ャ リ 編
ラ 味 法 グ 較 ー ゲ 韻 動 逸 工 芸 び び ク 真
ハ 猟 絵 ス タ イ ル ジ ダ 話 リ ズ ム 編 興 み
```

類推	フィクション
分析	比喩
逸話	ナレーター
著者	詩的
伝記	小説
比較	リズム
結論	スタイル
説明	テーマ
対話	悲劇

38 - Nourriture #1

ル	ル	ム	法	ゲ	イ	写	ゲ	写	ム	写	猟	パ	カ	ブ	写
レ	陶	活	プ	プ	ラ	ム	法	ラ	園	喜	ズ	ル	品	編	ダ
味	味	サ	み	法	法	ム	塩	一	読	撮	書	猟	キ	プ	ム
シ	び	ラ	ル	ハ	ル	ほ	う	れ	ん	草	真	喜	ラ	物	味
ー	ナ	ダ	品	シ	書	ゼ	ル	猟	じ	肉	み	味	び	味	ズ
ダ	ツ	モ	書	エ	ニ	ャ	ダ	び	ミ	ん	園	品	味	ゲ	み
ジ	ク	ニ	ン	ニ	物	書	狩	ル	に	活	猟	真	グ	リ	ゼ
ダ	狩	梨	モ	ハ	狩	ム	活	釣	オ	園	猟	ク	シ	魔	編
玉	葱	ジ	レ	ラ	ジ	ダ	び	編	ゼ	パ	オ	品	り	ズ	読
写	ゲ	イ	苺	ュ	動	み	動	ン	シ	オ	書	ム	ダ	写	撮
絵	影	狩	プ	プ	ー	ス	プ	パ	み	ン	リ	ャ	ギ	ク	ク
ダ	品	ラ	真	狩	ス	撮	画	ム	物	写	陶	リ	キ	シ	パ
リ	芸	園	ジ	園	シ	興	陶	バ	影	物	写	ン	興	ゲ	喜
喜	シ	猟	ゼ	び	砂	一	ン	ム	ジ	喜	芸	み	一	エ	ラ
法	味	ャ	ル	活	糖	ジ	リ	み	猟	ル	ジ	真	真	キ	品
コ	ー	ヒ	ー	エ	真	絵	ダ	キ	影	リ	読	興	キ	イ	興

ニンニク	ミルク
バジル	カブ
コーヒー	玉葱
シナモン	オオムギ
にんじん	サラダ
レモン	スープ
ほうれん草	砂糖
ジュース	ツナ

39 - Jours et Mois

活	法	ク	影	法	味	ン	釣	編	味	品	ム	年	グ	プ	興
活	み	ャ	エ	園	プ	パ	レ	リ	味	ゲ	ン	イ	書	プ	狩
グ	興	パ	み	ー	ャ	画	リ	ゼ	魔	ー	ャ	興	園	動	ダ
絵	法	ハ	ル	撮	ハ	グ	編	品	キ	動	釣	ゲ	イ	画	園
月	曜	日	ハ	ャ	リ	ル	狩	物	芸	リ	ズ	芸	品	撮	喜
五	影	ン	曜	み	猟	プ	狩	影	編	グ	写	ル	週	シ	ゲ
ム	釣	動	ハ	水	魔	物	ラ	ク	木	曜	日	六	月	絵	イ
狩	芸	影	ン	セ	七	月	八	味	猟	十	エ	イ	プ	リ	ル
活	ジ	品	味	プ	撮	火	曜	日	行	一	イ	ク	味	び	ダ
ク	書	ル	芸	テ	ム	ャ	魔	プ	進	月	金	曜	日	品	ル
書	狩	み	魔	ン	カ	レ	ン	ダ	ー	土	び	パ	プ	画	プ
り	日	ニ	ー	バ	ー	釣	キ	シ	ン	曜	絵	真	レ	リ	ゲ
み	レ	曜	月	ー	ハ	ジ	動	ン	編	日	キ	園	編	法	書
魔	み	物	日	ャ	レ	写	リ	ゲ	釣	園	編	月	ル	魔	法
び	書	釣	ハ	読	み	グ	物	園	ズ	陶	動	喜	真	レ	魔
真	影	画	狩	法	編	画	動	ン	動	絵	ジ	動	芸	ャ	み

八月	五月
エイプリル	火曜日
カレンダー	行進
日曜日	水曜日
二月	十一月
木曜日	土曜日
七月	セプテンバー
六月	金曜日
月曜日	

40 - Jardinage

び	撮	絵	フ	編	編	キ	影	ラ	釣	法	び	味	プ	影	猟
ム	読	編	ロ	プ	り	活	編	釣	魔	エ	ク	芸	ン	影	読
活	葉	ド	ー	ャ	チ	ー	オ	グ	パ	キ	グ	物	法	味	活
み	園	み	ラ	イ	ク	植	キ	ャ	ゾ	ズ	真	み	リ	撮
ゲ	ジ	読	ル	芸	り	物	釣	興	キ	チ	物	ム	ラ	ゼ	ャ
釣	泥	園	ク	シ	容	物	プ	ク	ー	ッ	ム	芸	レ	ル	動
猟	リ	物	プ	イ	器	物	ズ	芸	写	ク	法	リ	プ	グ	園
動	ク	ゼ	水	活	レ	狩	書	喜	ラ	ン	魔	エ	狩	ク	ハ
ラ	猟	ゲ	分	り	釣	び	み	興	狩	リ	ハ	芸	食	用	季
書	レ	真	キ	陶	り	撮	リ	園	園	芸	活	狩	プ	気	節
画	ク	興	味	グ	プ	ル	撮	撮	品	魔	び	ゼ	物	候	味
味	み	ャ	エ	釣	活	ダ	ダ	動	興	読	画	花	動	動	レ
ゲ	ゲ	ル	エ	陶	物	ゼ	ラ	画	釣	釣	エ	パ	み	イ	ー
ホ	り	品	狩	ル	ズ	ャ	パ	芸	プ	興	撮	狩	土	活	ム
狩	ー	パ	写	エ	読	ゲ	ラ	パ	イ	リ	味	レ	花	堆	肥
種	子	ス	園	読	ゼ	パ	ハ	画	魔	芸	レ	味	束	ジ	芸

植物	種子
花束	水分
気候	容器
食用	季節
堆肥	ホース
エキゾチック	オーチャード
フローラル	

41 - Entreprise

経	歴	店	編	び	会	パ	プ	ラ	品	雇	陶	み	販	物	写
ハ	レ	リ	狩	ン	読	社	利	益	影	用	編	通	売	物	狩
動	釣	ゼ	り	読	写	読	園	レ	シ	者	ハ	貨	編	芸	ャ
プ	商	従	ダ	読	釣	ル	ー	ル	園	ク	イ	喜	ズ	写	品
陶	品	陶	業	陶	み	品	オ	編	陶	シ	び	編	ダ	シ	り
影	ク	ー	り	員	読	エ	フ	狩	ル	ゲ	レ	興	絵	シ	ダ
お	レ	投	資	取	法	場	ィ	ゲ	レ	キ	ゼ	写	シ	狩
金	金	ン	ル	引	法	ゲ	ス	リ	読	イ	喜	ャ	魔	キ	プ
イ	融	法	プ	書	ハ	ズ	ル	み	法	読	ク	リ	味	リ
ダ	活	芸	グ	ジ	編	編	シ	費	用	狩	物	喜	ラ	イ	猟
び	イ	動	エ	猟	ダ	絵	興	ジ	絵	芸	パ	ク	書	猟	ゼ
ム	写	狩	ク	品	影	書	園	狩	予	読	イ	画	ー	ジ
書	狩	び	真	シ	ズ	喜	興	釣	グ	算	撮	味	プ	喜
物	魔	税	所	喜	狩	ダ	ン	味	猟	釣	キ	味	絵	撮	ル
ー	グ	金	喜	得	経	済	学	グ	キ	グ	園	エ	エ	ダ	陶
物	シ	芸	写	猟	ム	イ	グ	絵	動	釣	法	グ	陶	編	ハ

お金	金融
予算	税金
オフィス	投資
経歴	商品
費用	利益
通貨	所得
雇用者	取引
従業員	工場
会社	販売
経済学	

42 - Activités

釣シ釣芸活猟釣みハハ撮釣活ンハン
絵撮エ一ダシ園シレ編キラパ動パプ
陶ラ絵ムキ物ラシジ真ゲゲ物工絵画
ダイプび喜真び喜ャハ陶猟活芸園写
イ読活喜撮ンャト一ア魔狩イ品グ猟
ンリキびダパル陶イ動ル動絵動クプ
真グ読プンャキ写ダ動キ写縫製活興
法法魔書シ画ス真釣ラ味魔狩シ画プ
喜芸絵真ンル画撮クり絵ク猟ンジゼ
動ハ書読グ動ズ影ズレハ真グク狩釣
イ芸品リゲ一ムハ魔一物シパ狩ゼハ
興味みハキハ真書読絵魔シ影キ興喜
ハプ真イキ書写りレグパ猟キ写ゼ法
興芸ンキ猟動狩ゲみゼ活一ャ影絵品
園陶狩ョシ一ゼクラリ魔シシパエ
書撮写グパ釣シ魔法リ絵ダ書動陶ン

活動	ゲーム
アート	読書
工芸品	レジャー
キャンプ	魔法
狩猟	絵画
スキル	釣り
縫製	写真撮影
ダンシング	喜び
興味	ハイキング
園芸	リラクゼーション

43 - Mode

```
ミ ニ マ リ ス ト 読 読 み ゼ キ パ 編 高 格 興
実 用 的 プ 快 適 興 品 書 シ 魔 影 読 撮 価 狩
撮 ラ 品 喜 画 ム び 魔 パ ダ エ 画 ン ム な な
活 撮 ジ 物 興 物 ー ラ 園 喜 書 園 レ 真 頃 ボ
真 ド 興 シ エ ク 喜 測 定 絵 画 陶 プ 品 手 タ
エ ン エ イ 活 ゲ り 狩 園 ズ 書 興 品 品 ン ン
ハ レ 品 プ び 物 魔 読 喜 ン 書 ー 興 猟 ゼ 写
ゲ ト ガ ゲ 写 魔 タ 味 園 書 リ ャ 写 シ パ ゼ
真 び グ ン ー タ パ 猟 動 影 喜 絵 ズ プ 編 シ
ル ハ ャ ダ ト 編 絵 ー り 撮 芸 ジ ズ 編 り パ
刺 繍 テ モ ン び ダ ル 衣 味 ラ イ ー キ 書 絵
読 ラ シ ク ッ ィ テ ブ 類 リ オ 法 ズ 品 書 釣
味 書 ゲ 園 ス ー レ 釣 真 品 リ 真 書 レ ダ ハ
ラ 品 絵 ク 猟 チ ク 魔 影 び ジ み ー 喜 ル 喜
生 地 園 キ び 狩 ャ り ハ ラ ナ シ ー 品 味 パ
洗 練 さ れ た レ 影 撮 画 イ ル イ タ ス 興 ン
```

手頃な価格   モダン
ブティック   パターン
ボタン   オリジナル
刺繍   実用的
高価な   洗練された
快適   スタイル
レース   トレンド
エレガント   テクスチャ
測定   生地
ミニマリスト   衣類

44 - Fleurs

```
絵 び エ イ 牡 園 ゲ 弁 グ 画 ハ ハ リ ー グ 動
芸 ジ ー キ 丹 喜 読 花 ク ッ ラ イ ラ ゼ 影 狩
ト ケ イ ソ ウ シ 物 喜 束 レ 狩 ビ ャ 芸 プ 魔
魔 チ ュ ー リ ッ プ 狩 ラ 絵 撮 ス 狩 物 ム み
ジ ハ 魔 猟 蘭 ゼ 釣 狩 レ ひ ル カ 動 真 ー シ
品 ズ ダ 物 ジ 法 喜 ル エ ま み ス 百 合 釣 画
真 タ ポ ピ ー ク チ ナ シ わ プ ル メ リ ア び
ン ン ミ ス ャ ジ 味 ル 書 り 興 狩 ー ク リ ハ
園 ポ パ 喜 レ 編 陶 ル ダ 陶 デ ハ 釣 ロ ノ ハ
シ ポ ン 狩 エ パ リ 物 絵 イ イ ズ ー グ ロ 喜
ラ グ 猟 ム ャ 活 プ シ 書 読 ジ び 興 バ マ 園
影 ベ 活 陶 絵 ゼ ク イ ル ハ ー ゲ レ ー ゼ ャ
画 ン ン 物 ル 絵 ク 編 興 活 ゲ ャ 喜 び ダ 活
芸 園 編 ダ 狩 魔 キ ハ び 喜 書 絵 猟 狩 猟 園
ラ 読 ム ゼ ー ゲ 動 絵 動 ダ ズ ラ 読 影 写 ャ
ル 品 撮 イ 真 動 び 陶 ム 活 釣 釣 影 ク ゼ 味
```

花束	トケイソウ
クチナシ	ポピー
ハイビスカス	花弁
ジャスミン	タンポポ
ラベンダー	牡丹
ライラック	プルメリア
百合	ひまわり
マグノリア	クローバー
デイジー	チューリップ

45 - Nourriture #2

陶 喜 喜 チ ズ 真 エ イ ジ 絵 み ア 絵 リ リ 撮
ト マ ト キ レ 陶 ン プ ャ 狩 ッ キ ノ コ 狩
ハ 喜 絵 ン パ 画 ャ プ 魔 活 撮 プ ジ 釣 シ エ
味 び み ゲ 喜 ル ゼ ズ 魔 影 プ ル 読 び ム ジ ト
キ 写 キ 書 写 ハ ゼ エ 読 味 ム 味 動 編 書 ー
ー 活 味 イ 魔 釣 物 影 り 物 猟 み 芸 書 バ ー
ハ ム 写 び 釣 撮 動 ク キ マ ン ゴ ー 物 ナ レ
園 み 喜 茄 子 編 魔 絵 パ 狩 園 ラ リ リ ナ コ
ー 米 真 狩 プ ハ ハ 卵 撮 葡 ー 興 コ リ ェ ョ
影 パ ン セ ロ リ ム シ ル 萄 パ 釣 ッ 魚 エ チ
画 ャ 撮 活 キ 物 ル 影 法 ラ 魔 ン ロ 法 書 リ
ズ エ 味 ダ ウ 小 ア ー モ ン ド 狩 ブ 猟 ジ ハ
読 活 写 味 イ プ 麦 び 動 り リ 画 ー 興 陶 園
法 リ 影 ル 絵 猟 狩 影 法 画 物 ゼ 書 エ 撮 法
ハ パ 物 り 工 真 ゲ ャ 撮 ク 魔 法 写 イ り 狩
び 興 み 物 狩 物 喜 芸 ク 陶 園 動 リ プ 読 ズ

アーモンド	ハム
茄子	キウイ
バナナ	マンゴー
小麦	パン
ブロッコリー	アップル
チェリー	チキン
セロリ	葡萄
キノコ	トマト
チョコレート	

46 - Algèbre

エリラシ問ル読ゼジ絵影喜ーダ釣量
シ芸リ陶題グム法魔興びャレャンみ
撮猟ゼ狩ダ味パりレレ釣エイ動絵読
ル真ロジみ興編絵絵書喜園物無限パ
芸分芸りパ書ャ書りープ括写狩ラレ
ーズ数減ンラジクレラム弧ク編ジ活
ャび式算み狩プ釣猟イイクー編ラ撮
ジ編ジ読プみリゲびパパ影レグダび
線形番号ゲ変数りグりキパ味び画ジ
芸興エリル撮イ絵ラダゼイ撮ャイャ
ン影ゼ写ジ方程式フ図マトリックス
ー写ダ品ジ絵キシ読書ン写リりラ因
キ影ハリャイプムグびキグ読シク子
ャ編ンャグ猟釣単偽クゲダ写品影ゲ
指読写パ喜猟活ゲ純解ムキ魔品シー
数ラハ物ハエゼリズ化決レ魔ルキ味

指数	番号
方程式	括弧
因子	問題
分数	単純化
グラフ	解決
無限	減算
線形	変数
マトリックス	ゼロ

47 - Océan

グ 魔 品 狩 猟 物 ー ン 動 書 キ ジ 画 キ た 品
芸 ゲ レ ハ 物 ル リ 読 ゼ プ ム プ 品 び こ レ
り 魚 編 喜 ダ ラ グ ク エ 画 撮 エ エ 釣 魔 ー
芸 ゃ イ 魔 魔 び イ グ 魔 ゲ 撮 ダ ゲ プ 猟
陶 り 狩 魔 編 ツ び 猟 スン ラ 品 陶 書 絵 園
画 絵 グ コ 法 ク ナ ハ ポ キ 喜 品 ク 味 プ 編
レ 法 ト ー ボ 編 影 ルン 物 釣 動 ルズ 活 び
ー 興 ク ラ 興 イ 興 読 ジ 撮 読 ラ 法 興 物 ム
写 う イ ル ム プ 興 陶 イ り 鯨 読 狩 イ イ 釣
ー な リ ー フ ハ ム び パ グ パ 魔 リ 海 藻 ゃ
ゲ ぎ 影 興 ジ エ ム 法 法 活 動 品 味 ル ル 画
撮 ム 読 園 キ ビ メ 塩 ジ ク み キ ゼ ダ み ム
み 陶 パ シ 嵐 ニ カ 鮫 撮 ラ 撮 影 ム 動 ム ゼ
編 ゃ 絵 シ イ ハ ル キ シ ゲ 影 興 編 波 絵 キ
猟 園 狩 レ ー 編 イ 釣 影 釣 ゃ ゼ プ 味 品 喜
猟 影 ン 編 法 ハ 園 ム ゲ ハ ム プ 法 影 狩 キ

海藻   スポンジ
うなぎ   カキ
ボート   クラゲ
コーラル   たこ
カニ   リーフ
エビ   ツナ
イルカ   カメ

48 - Remplir

り	パ	ズ	ズ	園	り	狩	キ	魔	活	パ	ラ	チ	物	ン	品
絵	影	動	魔	ゲ	び	魔	園	プ	容	器	パ	狩	ュ	写	書
カ	ー	ト	ン	ゲ	陶	ジ	撮	法	ダ	編	フ	ゲ	グ	ー	ゲ
読	編	釣	撮	芸	ゼ	魔	ー	書	ジ	味	ォ	キ	ダ	ブ	猟
引	ト	レ	イ	興	ジ	園	動	工	封	絵	ル	レ	バ	ト	り
き	撮	活	リ	レ	み	撮	味	ハ	筒	ン	ダ	ル	バ	ッ	パ
出	ム	レ	読	ー	読	味	ム	レ	法	法	撮	ト	ッ	ケ	ツ
し	影	リ	パ	ダ	ズ	プ	法	活	ム	魔	動	ボ	ル	ス	バ
ズ	レ	読	ジ	写	品	イ	味	シ	グ	ジ	グ	リ	芸	バ	ル
ジ	プ	動	ク	レ	ー	ト	猟	み	動	真	ゼ	ャ	ン	園	写
魔	ズ	ハ	真	画	ー	写	瓶	動	影	活	読	絵	ハ	ダ	陶
味	編	ー	レ	り	画	グ	花	ト	キ	書	ー	芸	興	ズ	陶
ジ	び	味	浴	ー	味	び	法	ッ	ズ	編	書	書	ダ	陶	ン
ジ	ダ	園	槽	ャ	ス	ー	ツ	ケ	ー	ス	ゲ	読	ダ	猟	撮
編	ャ	活	ム	び	興	ハ	編	ポ	ル	ル	箱	書	エ	品	ハ
ー	読	イ	味	法	ゼ	イ	画	ャ	物	エ	猟	写	ラ	ン	芸

浴槽	パケット
バレル	トレイ
ボトル	ポケット
クレート	バッグ
カートン	バケツ
フォルダ	引き出し
封筒	チューブ
容器	スーツケース
バスケット	花瓶

49 - Antiquités

ゼ	ゼ	グ	ゼ	ギ	パ	値	ジ	エ	画	写	イ	ク	ル	釣	ゼ
オ	ト	興	ズ	ャ	び	画	ュ	芸	釣	園	レ	品	ゼ	動	法
ム	ー	ダ	ャ	ラ	読	園	エ	ジ	猟	法	真	興	リ	猟	真
ク	ア	セ	ト	リ	芸	編	リ	読	パ	ズ	ル	装	興	猟	活
味	キ	猟	ン	ー	家	ズ	ー	喜	エ	編	喜	飾	活	ダ	ム
猟	ラ	復	ガ	テ	具	ジ	パ	競	動	活	釣	パ	ム	撮	園
読	ク	元	レ	品	ィ	プ	ズ	写	売	園	芸	エ	書	書	ダ
レ	パ	書	エ	プ	び	ッ	釣	プ	リ	興	写	園	編	品	リ
ャ	び	古	パ	レ	ン	ク	グ	エ	味	絵	絵	ゲ	世
絵	画	い	パ	イ	ン	ル	品	キ	エ	み	撮	活	ゼ	プ	紀
読	猟	み	ス	タ	イ	ル	質	シ	パ	珍	書	エ	レ	絵	価
書	書	法	レ	ゲ	コ	レ	編	パ	ク	猟	し	彫	刻	絵	格
イ	猟	陶	ク	り	味	投	魔	絵	品	ゼ	猟	い	書	ャ	画
ラ	陶	陶	ル	イ	ダ	資	ゼ	書	活	影	イ	エ	ズ	み	猟
絵	真	影	み	ゲ	写	狩	ゲ	レ	ラ	ー	釣	編	ハ	絵	狩
ゼ	物	読	園	猟	園	ク	物	シ	画	味	狩	園	物	プ	法

アート	絵画
オーセンティック	コイン
ジュエリー	価格
装飾	品質
競売	復元
エレガント	彫刻
ギャラリー	世紀
珍しい	スタイル
投資	古い
家具	

50 - Boxe

```
エ 魔 ロ 陶 真 ポ ジ イ 魔 園 リ キ 釣 魔 み ハ
ャ キ 活 ー グ イ 動 み み 読 ゲ ャ ダ 真 み び
影 撮 リ ナ プ ン 強 さ 審 パ ズ 狩 真 真 読 ジ
狩 イ フ ー ン ト ズ り 判 品 キ 園 ラ 真 編 釣
シ り ォ コ 魔 ー 陶 品 動 釣 ル ゲ キ 編 物 ル
ル パ ー ジ 顎 エ プ 狩 画 ベ 絵 ー 狩 陶 興 パ
リ 画 カ キ グ キ プ 画 グ ル 釣 拳 レ 絵 画 レ
写 撮 ス ハ ッ 狩 イ み リ ズ 肘 動 画 絵 ダ ン
ラ 釣 影 ジ 怪 ク 書 ズ キ 編 品 編 喜 シ シ 園
グ 動 ジ シ 我 陶 キ み 真 リ 戦 闘 機 真 ャ 書
読 法 釣 真 法 物 園 動 真 ゼ 絵 画 魔 ャ み ャ
編 シ 回 復 魔 ダ ダ エ 絵 体 み 魔 喜 物 魔 み
シ ー キ 園 ゼ ラ イ シ 猟 ル ダ ズ エ 法 釣 ラ
リ 物 疲 れ た 味 ク 興 ダ 写 ン 活 写 真 手 相
ク 撮 プ ズ 活 影 興 味 法 動 釣 画 絵 法 袋 パ
キ ム ハ ム 動 み 園 レ 画 シ キ 法 ャ 動 魔 ラ
```

相手	ロープ
審判	キック
怪我	疲れた
ベル	強さ
コーナー	手袋
戦闘機	ポイント
スキル	回復
フォーカス	

51 - Réchauffement Climatique

魔	釣	写	エ	ズ	ジ	釣	ク	陶	物	未	温	度	真	エ	ャ
エ	ム	イ	品	芸	陶	園	絵	グ	ジ	来	ー	ズ	ズ	ズ	ゲ
イ	ダ	写	撮	喜	グ	レ	ラ	リ	パ	編	み	品	喜	編	絵
キ	ゲ	真	ー	ジ	ク	法	編	猟	法	リ	発	達	園	園	生
絵	ム	ー	ゼ	影	ラ	み	律	書	世	ル	ゼ	ハ	人	び	息
ジ	ハ	興	園	魔	レ	エ	ル	撮	気	代	環	境	口	業	地
ラ	釣	編	陶	味	政	府	写	猟	候	写	工	釣	陶	界	ゲ
エ	品	り	物	味	み	喜	グ	グ	ジ	喜	ャ	リ	科	書	撮
ダ	ネ	味	陶	書	ル	興	キ	魔	写	ン	び	ル	学	グ	グ
ン	ダ	ル	写	写	グ	今	興	ハ	プ	書	読	ン	者	び	リ
魔	芸	芸	ギ	品	ジ	シ	影	味	ク	物	グ	イ	絵	釣	物
レ	興	画	ター	デ	絵	北	極	編	ゼ	芸	園	ン	園	絵
イ	ー	ン	国	際	レ	グ	パ	ャ	み	イ	興	物	読	ダ	法
興	ガ	ス	撮	陶	絵	狩	り	ジ	ダ	パ	編	イ	注	危	品
イ	釣	リ	興	影	キ	パ	リ	び	イ	ハ	園	り	意	機	狩
ー	プ	ズ	ン	動	ジ	興	動	キ	グ	動	写	絵	ン	キ	品

北極　　　　　　　世代
注意　　　　　　　政府
気候　　　　　　　生息地
危機　　　　　　　業界
発達　　　　　　　国際
データ　　　　　　法律
環境　　　　　　　人口
エネルギー　　　　科学者
未来　　　　　　　温度
ガス

52 - Ballet

園ルハ編魔釣撮真興振パ音絵オ読シ
芸品プゲみ写ム釣編りン楽書ー編動
品みゼ狩りジイリ狩付品撮書ケムン
物狩キパグ画ム影ムけャチスェジ
スキルサーハリ味エ写クみエトズ影
物ゼジャサ品真キみレキ興ゲラ写ゼ
芸園ハエ魔びズ猟グッレ作絵パ狩
術技エ味ダグレ法筋影スレ曲狩品
的書影活ム写活り品肉品表ンキ家キ
園練陶影編ム真ーハ味ク現ラ法活
シ習喜ライジみプ物味カイ魔狩陶
ナ猟クハ法ジ園び園味豊り芸狩品
ースタイルリ強度拍撮かパ園ム猟
リズムダー影ジ編ラ手パなラ釣プ真
レり品リみ物編ーグ品ルり書陶猟プン
バ書魔ソロク撮レシン画グ魔法動ン

拍手	レッスン
芸術的	筋肉
バレリーナ	音楽
振り付け	オーケストラ
スキル	練習
作曲家	リハーサル
ダンサー	リズム
表現力豊かな	ソロ
ジェスチャー	スタイル
強度	技術

53 - Fruit

リ	園	釣	品	真	写	真	品	活	レ	ラ	読	パ	ゲ	リ	ゲ
グ	写	ル	ー	ダ	物	ジ	ジ	り	園	ズ	編	エ	興	ン	イ
り	ー	味	味	ハ	ベ	猟	ル	釣	キ	ベ	メ	ロ	ン	み	ャ
真	品	ゼ	エ	び	リ	動	芸	ド	味	リ	ル	ャ	リ	真	撮
魔	画	ー	影	ク	ー	パ	品	桃	カ	ー	み	グ	タ	ン	ジ
釣	み	ー	パ	編	ズ	園	イ	パ	び	ボ	バ	陶	ク	パ	イ
オ	魔	プ	物	興	動	ゼ	シ	ー	バ	物	ア	ト	ネ	キ	ジ
レ	ル	パ	ャ	写	読	猟	ズ	ゼ	ナ	パ	グ	ッ	魔	ウ	レ
ン	写	法	興	ダ	魔	法	味	絵	ナ	読	リ	コ	プ	イ	興
ジ	ル	リ	陶	ル	グ	写	編	グ	ル	グ	写	リ	リ	ル	猟
ゼ	猟	陶	興	ク	ゼ	パ	ゲ	品	パ	リ	興	プ	ン	プ	グ
ハ	ー	真	マ	画	画	画	ハ	ク	陶	レ	動	ア	ダ	ッ	陶
ク	猟	レ	ン	モ	レ	影	ー	ゼ	写	活	シ	エ	編	ナ	活
写	ジ	書	ゴ	チ	ェ	リ	ー	葡	ン	エ	絵	プ	品	イ	園
芸	猟	チ	ー	陶	書	陶	物	萄	動	グ	ャ	動	ゲ	パ	み
猟	パ	パ	イ	ヤ	撮	ズ	園	梨	撮	狩	興	リ	影	ャ	動

アプリコット	グアバ
パイナップル	キウイ
アボカド	マンゴー
ベリー	メロン
バナナ	ネクタリン
チェリー	オレンジ
レモン	パパイヤ
イチジク	アップル
ラズベリー	葡萄

54 - Musique

```
歌 ジ 歌 レ 書 写 編 ズ 写 グ オ バ ボ ー カ ル
手 ズ う み ク シ ジ 影 物 ペ ク ラ ゲ 法 ン ャ
ジ ク イ 園 興 グ 興 ク ッ シ ラ ク 活 即 釣 芸
叙 情 的 興 エ イ 活 イ 園 陶 興 芸 即 画 ド ン
ム 影 詩 魔 味 撮 グ マ 活 撮 び 活 興 パ ム シ
リ ゼ 法 工 編 ダ グ 園 画 り レ ャ 喜 パ ダ シ
魔 ン パ 法 味 真 パ ー 書 法 ダ ア ル バ ム 喜
調 撮 ダ ラ 芸 プ ャ ミ 興 活 撮 ク ラ 書 イ ジ
和 絵 興 キ 狩 録 ラ ュ 狩 喜 編 工 書 釣 写 真
品 芸 り グ 読 ゼ 音 ー 動 魔 猟 ー イ ハ ラ 猟
ー ダ 興 絵 読 陶 読 ジ 写 キ 器 ム ー り り 法
画 喜 狩 シ キ 動 読 カ メ イ 音 楽 家 モ 興 陶
ル 狩 写 キ リ ハ 芸 ル ロ イ ダ テ ン ポ 二 読 芸
味 シ ン レ 動 味 喜 ハ デ ダ リ ズ ム ッ 読 キ ム
び 活 喜 品 ダ レ ハ ィ リ ー み 興 シ ク キ ム
キ ャ ラ パ 物 ズ ダ 絵 ク 猟 写 ル 品 み グ
```

アルバム	叙情的
バラード	メロディー
歌う	マイク
歌手	ミュージカル
クラシック	音楽家
録音	オペラ
調和	詩的
ハーモニック	リズム
即興	テンポ
楽器	ボーカル

55 - Météo

み	そ	よ	風	陶	画	み	編	ラ	グ	絵	び	氷	リ	物	園
狩	ー	シ	書	ズ	プ	洪	画	味	品	び	エ	影	ン	ハ	狩
ト	ロ	ピ	カ	ル	嵐	水	ハ	ゼ	シ	旱	魃	ジ	イ	品	ゲ
絵	ル	活	パ	動	画	陶	リ	喜	ダ	陶	クャ	活	釣	釣	イ
陶	活	リ	グ	エ	ハ	リ	ケ	撮	ラ	狩	プ	味	釣	ゼ	画
霧	品	味	ム	ャ	影	興	ー	ダ	リ	び	み	写	ゼ	エ	動
囲	竜	巻	品	写	ャ	陶	ン	温	度	エ	ズ	絵	リ	興	写
気	書	撮	陶	キ	読	レ	レ	ー	雲	法	編	喜	リ	興	園
ラ	味	喜	リ	リ	陶	ズ	魔	画	ス	ラャ	気	撮	シ	園	シ
ゼ	ゲ	イ	ダ	み	ー	ー	芸	動	雷	ン	ム	候	芸	品	り
ド	ラ	イ	ズ	読	エ	ダ	撮	真	ゼ	陶	モ	魔	ハ	リ	園
み	ゲ	ハ	シ	喜	キ	ゲ	絵	品	レ	ー	プ	物	ハ	芸	グ
喜	興	狩	影	真	書	活	真	味	撮	虹	ゲ	動	シ	空	物
ム	リ	興	リ	ゼ	活	リ	リ	シ	極	り	ズ	編	動	グ	霧
ャ	法	ム	レ	魔	ム	芸	ク	エ	性	物	法	ゲ	絵	真	書
キ	撮	釣	狩	ラ	ダ	イ	法	魔	ハ	陶	狩	ズ	グ	陶	書

雰囲気　　　　　　　　　　極性
そよ風　　　　　　　　　　ドライ
気候　　　　　　　　　　　旱魃
洪水　　　　　　　　　　　温度
モンスーン　　　　　　　　竜巻
ハリケーン　　　　　　　　トロピカル

56 - L'Entreprise

画	ゲ	グ	ク	び	狩	び	物	影	狩	ラ	写	ル	ー	評	判
影	動	ル	品	革	ル	ム	収	益	芸	ス	ー	ソ	リ	プ	ロ
り	釣	一	イ	新	び	撮	キ	ク	ル	芸	キ	び	陶	ス	ゼ
ン	品	ル	画	的	魔	撮	ゲ	ゲ	ゼ	園	シ	パ	レ	ネ	ク
狩	芸	ハ	魔	ズ	エ	り	ハ	キ	書	物	ゼ	画	撮	ジ	レ
読	り	読	書	真	ー	画	ズ	活	編	シ	魔	パ	ク	ビ	り
ラ	エ	ゼ	芸	魔	パ	興	編	ダ	法	ズ	ジ	キ	釣	り	画
ラ	品	質	ゼ	撮	狩	写	興	ー	ン	グ	撮	ゲ	決	園	プ
ジ	製	み	猟	ブ	イ	影	ラ	園	活	編	単	位	定	陶	影
イ	喜	画	グ	ィ	読	真	法	物	投	業	界	可	写	パ	り
プ	レ	ゼ	ン	テ	ー	シ	ョ	ン	魔	資	ン	み	能	レ	猟
ズ	書	書	読	イ	味	ン	ハ	ジ	ン	ト	レ	ン	ド	性	ハ
進	捗	雇	エ	エ	り	ゲ	書	画	イ	ル	ク	活	リ	び	ン
品	み	用	プ	リ	撮	画	り	り	リ	ム	読	工	興	み	プ
魔	グ	グ	ゲ	ク	園	ャ	芸	興	み	ム	グ	び	芸	読	影
プ	編	絵	絵	撮	写	園	影	影	イ	グ	ロ	ー	バ	ル	プ

ビジネス	製品
クリエイティブ	プロ
決定	進捗
雇用	品質
グローバル	リソース
業界	収益
革新的	評判
投資	リスク
可能性	トレンド
プレゼンテーション	単位

57 - Gouvernement

```
ゲ 写 ハ 園 釣 物 イ ジ 興 ズ レ ル ラ 芸 狩 法
ン 陶 キ ジ ハ 法 写 ジ 憲 自 由 ハ ゲ 品 工 写
ラ 読 ャ 園 編 撮 喜 ー 法 陶 書 ル 味 陶 狩 喜
ー 園 魔 キ 書 編 ジ ズ ゲ リ ズ 絵 活 喜 ク ク
園 シ 読 編 ク 味 興 イ ハ 法 ゲ ク シ 品 国 家
プ グ ダ 書 グ 活 画 陶 釣 品 ム 動 撮 猟 市 画
ン 影 み 芸 平 ラ 興 グ シ 書 パ 政 治 独 ズ 民
書 ダ 記 法 等 グ ダ 法 ジ 陶 パ レ 狩 プ 立 み
ク 釣 念 市 民 権 シ ク 画 エ 正 義 主 主 民
リ 撮 碑 動 真 平 ン ゲ ル 影 び り 写 ズ 動 ゲ
ャ イ プ 興 味 和 ボ 活 ゼ 写 狩 魔 魔 プ 法 絵
ゼ 品 絵 グ 釣 み ル 真 読 ン ル 興 権 ゲ 司 ハ
ス ピ ー チ 狩 パ ゲ イ ク 物 陶 動 陶 利 法 ズ
喜 撮 ダ ク 議 写 興 味 法 律 陶 イ 魔 絵 品 影
魔 魔 ー 猟 論 状 レ 興 ジ エ ゲ グ ゼ エ 魔 物
ル プ リ 品 法 態 み 編 法 ル ー 読 編 ゲ ズ グ
```

市民権	司法
市民	正義
憲法	リーダー
民主主義	自由
スピーチ	法律
議論	記念碑
権利	国家
平等	平和
状態	政治
独立	シンボル

58 - Randonnée

重	狩	陶	影	ン	興	陶	興	ン	陶	園	ム	ラ	ゲ	ダ	ラ
い	オ	太	陽	撮	ラ	エ	読	写	ゼ	魔	イ	ゲ	ー	ル
ク	リ	み	芸	編	撮	喜	り	物	プ	書	ム	ル	陶	猟
喜	エ	水	自	動	陶	読	石	魔	び	園	魔	レ	ク	ク	園
園	ン	猟	然	サ	編	ム	喜	芸	釣	編	み	ク	ル	ジ	芸
活	テ	法	ズ	ミ	崖	動	キ	び	品	影	グ	品	ジ	り	イ
ツ	ー	ブ	山	ッ	真	キ	レ	リ	レ	物	喜	ハ	リ	ン	ジ
ム	シ	陶	ダ	ト	ジ	魔	書	パ	芸	編	真	ジ	芸	み	レ
み	ョ	芸	影	魔	陶	動	グ	書	キ	狩	ダ	リ	魔	ハ
ゲ	ン	パ	影	ン	み	グ	物	地	図	画	リ	ジ	ジ	芸	ー
園	狩	天	疲	喜	画	プ	書	キ	ム	キ	ハ	野	生	動	喜
気	候	気	れ	び	ズ	画	ゲ	影	喜	園	画	り	公	園	狩
準	ズ	写	た	キ	ャ	ン	プ	ク	編	ジ	り	読	ジ	物	エ
猟	備	喜	読	興	釣	画	ゲ	ゲ	ガ	イ	ド	ル	釣	ム	書
び	ク	釣	写	物	園	エ	び	ダ	猟	動	ラ	レ	写	レ
り	影	猟	狩	ズ	ズ	ー	活	ラ	品	動	ン	猟	ャ	パ	動

動物	天気
ブーツ	自然
キャンプ	オリエンテーション
地図	公園
気候	準備
疲れた	野生
ガイド	太陽
重い	サミット

59 - Meubles

```
ソ 机 編 動 ラ 写 喜 び エ ル ダ 撮 リ ズ ハ プ
フ グ イ ー 写 プ プ ム カ ジ 編 魔 工 物 み 釣
ァ キ 陶 編 写 味 園 レ ー レ 芸 活 物 品 猟 み
写 工 喜 ダ 魔 味 ク 撮 テ 芸 活 物 物 ハ リ 書
味 ー み 戸 ダ 釣 書 び ン ャ シ シ ー ン 活 み
絵 グ ー 棚 ク ド 芸 書 法 パ 書 ム 棚 モ パ ク
ラ キ ゲ 本 ゲ ッ ゼ 味 陶 ラ ス レ ト ッ マ 猟
絵 ャ び 興 ー ベ シ リ 物 撮 魔 ラ 物 ク ル ジ
ラ り 興 パ ア ズ 絵 ョ 書 プ 活 芸 味 レ グ ダ
ジ 興 グ 椅 ャ ー 真 ン ン 園 物 ル レ 猟 ズ パ
ク ン ラ 子 布 サ ム ャ 釣 ハ 釣 ン ー ン 活 ズ
工 絵 ン 興 団 ッ キ チ ン ベ ー 絵 リ ゲ 書 ャ
真 ラ プ グ み レ シ 猟 ェ 味 キ 鏡 ン 写 動 ク
動 写 パ 動 真 ド 影 シ 興 ア 書 陶 レ 魔 書 ャ
ジ ー ダ ダ 絵 陶 ラ 撮 グ 陶 び 撮 工 び ジ り
枕 活 ゲ パ ダ 法 喜 ダ ゲ ラ エ ン イ 芸 レ ム
```

戸棚	布団
ベンチ	ハンモック
本棚	ランプ
ソファ	ベッド
椅子	マットレス
ドレッサー	カーテン
クッション	ラグ
アームチェア	

60 - Nutrition

園 ー ー 動 法 み 真 真 画 撮 ム 書 ゲ シ イ ャ
ハ ャ 物 動 絵 写 び ズ 物 ル 芸 ャ ー り 毒 味
グ ャ エ り レ グ グ エ ラ 芸 ジ 魔 釣 喜 素 ゼ
味 味 狩 狩 キ ク ン 猟 写 画 み 興 猟 影 園 法
ハ 苦 ハ シ ン パ 品 陶 リ パ び 芸 書 ジ 読 ャ
ン 編 い キ レ 園 質 絵 法 書 グ 編 芸 ジ 猟 魔
動 喜 喜 ハ レ タ ン パ ク 質 味 味 品 ダ 動 画
ビ タ ミ ン 芸 ム 物 ジ 魔 読 ャ 味 レ 用 法 レ
ダ イ エ ッ ト ソ 動 イ 読 ハ 真 ゼ 興 食 欲 陶
真 ラ ダ 画 ゲ ー 喜 物 動 ム 味 動 園 ル ル 興
ム イ 活 プ キ ス 消 化 釣 ム 発 猟 絵 動 パ 動
重 活 ム 書 活 ズ 味 水 真 ャ ゲ 酵 撮 リ 液 画
シ さ び ジ み レ 猟 炭 品 影 真 物 ャ 猟 体 ス
ハ 魔 ラ ダ 喜 グ り 品 ズ 釣 喜 画 猟 味 エ イ
ル 芸 喜 芸 魔 味 ゲ ル 健 康 元 気 グ 画 パ パ
カ ロ リ ー 読 品 ズ キ ゲ 猟 り 狩 バ ラ ン ス

苦い　　　　　　　　　液体
食欲　　　　　　　　　重さ
カロリー　　　　　　　タンパク質
食用　　　　　　　　　品質
ダイエット　　　　　　元気
消化　　　　　　　　　健康
スパイス　　　　　　　ソース
バランス　　　　　　　毒素
発酵　　　　　　　　　ビタミン
炭水化物

61 - Créativité

```
キ レ ー 魔 イ び ャ パ イ エ 芸 魔 芸 ゲ ゲ イ
真 編 ゼ 法 編 ン ョ ジ ビ エ 書 グ 術 び 書
物 動 絵 物 興 ク ス ゼ ー シ び 喜 ャ 的 喜
活 カ キ 書 ズ ル 狩 ピ 流 動 性 憑 ラ 劇 ル
画 編 み ン レ 物 ダ レ 陶 自 動 写 ス 信 法 味
み 写 シ 動 芸 ア イ デ ア ー 発 ズ 画 キ 活 ク
ン 魔 リ 物 品 レ 魔 ゲ キ パ シ ダ エ ル ラ
ン 活 釣 ズ ズ り み 活 釣 イ ン ョ プ 法 写 ン
撮 画 キ み 猟 興 絵 活 活 み 味 写 パ 読 ゼ り
イ 発 明 ゲ 感 ダ ャ ャ ズ イ ー 喜 ン 絵 ジ 法
陶 プ 影 撮 覚 魔 動 ャ 編 キ ズ 物 絵 物 活 グ
り ム ジ 読 動 ゼ ゼ 影 ジ び 魔 エ イ 猟 釣 読
表 現 書 ル 活 ル 書 喜 影 ン 魔 印 ー ム 喜 園
強 度 直 明 快 猟 法 魔 法 想 ズ 芸 象 書 像 狩
ャ 絵 レ 感 法 芸 ー 感 情 像 エ リ 動 画 撮 芸
喜 ク 絵 レ イ 陶 ム 編 レ カ 味 グ ゼ ズ 魔 ゲ
```

芸術的	想像力
信憑性	印象
明快	インスピレーション
スキル	強度
劇的	直感
表現	発明
感情	感覚
流動性	自発
アイデア	ビジョン
画像	活力

62 - Science Fiction

画	レ	ー	未	ラ	興	活	キ	銀	プ	シ	火	絵	釣	素	興
グ	ラ	喜	活	来	真	芸	園	ラ	河	ナ	画	エ	グ	晴	ダ
ム	ル	パ	キ	ダ	的	絵	書	品	読	リ	法	ー	品	ら	味
影	影	グ	撮	絵	釣	喜	編	興	神	オ	パ	イ	し	編	ゼ
ア	ト	ミ	ッ	ク	イ	陶	芸	パ	秘	エ	エ	狩	ム	い	味
ピ	ャ	絵	ラ	イ	ズ	惑	猟	影	的	ャ	ジ	魔	ジ	ジ	写
ト	書	籍	ク	リ	園	星	陶	品	な	動	読	猟	世	界	影
ー	現	読	活	ュ	ディ	ス	ト	ピ	ア	ゼ	魔	画	グ	活	活
ユ	実	キ	ャ	ー	猟	芸	影	陶	喜	写	レ	喜	パ	パ	り
猟	的	読	グ	ジ	ダ	パ	動	技	猟	影	活	シ	魔	芸	猟
ク	絵	プ	ャ	ョ	絵	芸	ダ	術	活	活	ネ	み	芸	ゼ	影
ズ	虚	数	ム	ン	エ	画	み	イ	ダ	ャ	狩	マ	ゼ	猟	絵
喜	び	絵	喜	活	動	狩	り	ル	喜	興	画	法	リ	狩	編
ジ	活	狩	ム	ン	影	ゼ	絵	釣	ャ	興	爆	ダ	ラ	ダ	イ
オ	ラ	ク	ル	ロ	ボ	ッ	ト	イ	プ	り	発	読	編	味	法
活	ク	ン	ル	レ	キ	読	味	キ	魔	ラ	み	猟	狩	び	

アトミック
シネマ
ディストピア
爆発
素晴らしい
未来的
銀河
イリュージョン
虚数
書籍

世界
神秘的な
オラクル
惑星
現実的
ロボット
シナリオ
技術
ユートピア

63 - Professions #1

ズ	ン	猟	ジ	興	読	撮	書	画	レ	撮	ゼ	シ	ピ	活	ル
キ	ハ	書	科	キ	活	ク	法	看	撮	レ	絵	パ	ア	ズ	グ
コ	ー	チ	学	陶	書	消	ン	護	園	ー	動	ズ	ニ	書	味
り	タ	釣	者	集	編	防	味	婦	活	ク	味	リ	ス	ャ	パ
み	ン	品	作	ダ	真	士	護	弁	ン	び	写	編	ト	ム	品
ム	ハ	読	製	リ	絵	キ	味	影	影	味	ム	法	ダ	芸	ラ
み	ン	魔	図	物	ゼ	ゼ	芸	び	編	ズ	釣	法	キ	イ	び
釣	画	び	地	画	絵	物	魔	ム	ジ	狩	編	品	真	狩	写
エ	ー	動	グ	配	品	活	品	陶	み	ム	動	音	み	ム	ン
ハ	ハ	狩	ム	地	管	ラ	踊	ダ	絵	パ	み	味	楽	ハ	書
銀	行	家	真	質	活	エ	り	プ	猟	び	イ	ム	び	家	絵
リ	魔	喜	シ	学	び	ン	子	み	釣	ゲ	魔	活	釣	釣	ダ
動	ャ	パ	影	者	学	文	天	シ	動	ー	び	み	ル	釣	釣
エ	動	ャ	物	学	ジ	品	み	イ	猟	喜	医	獣	絵	プ	芸
プ	宝	石	商	理	陶	み	ダ	ル	園	法	者	猟	び	大	ャ
ハ	ク	絵	プ	心	影	ゲ	陶	ャ	リ	ラ	み	リ	編	ダ	使

大使	地質学者
天文学者	看護婦
弁護士	医者
銀行家	音楽家
宝石商	ピアニスト
地図製作者	配管工
ハンター	消防士
踊り子	心理学者
コーチ	科学者
編集者	獣医

64 - Géologie

興	ム	高	書	法	カ	影	品	鍾	絵	ハ	ズ	プ	影	ー	ク
釣	パ	原	シ	園	読	ル	ジ	乳	プ	グ	編	ゼ	結	シ	ゲ
プ	プ	陶	ゼ	び	絵	ラ	シ	石	酸	ン	レ	リ	晶	ル	絵
喜	グ	活	リ	喜	動	ネ	陶	ウ	レ	イ	キ	陶	ゲ	活
物	ャ	品	ク	ダ	ク	ミ	園	画	ム	ー	法	ン	み	火	山
化	石	イ	キ	間	狩	コ	ラ	画	影	キ	イ	芸	ゼ	狩
プ	ル	画	ー	シ	欠	園	ハ	ム	読	ャ	ク	パ	石	ゼ	シ
レ	侵	食	石	英	書	泉	ジ	写	書	り	プ	リ	園	パ	グ
魔	ャ	陶	品	絵	活	真	芸	物	狩	品	味	法	ゼ	レ	ク
ゲ	狩	レ	大	陸	プ	真	狩	ル	影	エ	ム	味	ズ	ー	グ
品	味	ズ	ン	ジ	り	釣	エ	シ	モ	ル	テ	ン	キ	層	溶
絵	イ	び	ハ	ハ	写	ゲ	ー	喜	味	喜	ー	真	編	岩
品	グ	釣	イ	興	絵	ダ	ゲ	ダ	グ	写	法	ゾ	み	園	品
釣	写	洞	窟	芸	品	編	ル	キ	活	活	猟	ム	法	品
編	物	画	写	陶	物	イ	キ	ゼ	撮	撮	塩	ハ	動	ム	品
み	画	影	ハ	ゲ	動	魔	法	り	グ	ズ	興	エ	グ	び	ャ

カルシウム	間欠泉
洞窟	溶岩
大陸	ミネラル
コーラル	高原
結晶	石英
侵食	鍾乳石
モルテン	火山
化石	ゾーン

65 - Jardin

写ラブッシュ絵興動読書ゲ画味書活
ズ陶真リ撮ドびーンみ狩狩ャ工釣ダ
レ読キャシーびム読ンダゃみダ活興
プ読ルャ真ャ法エル興陶みジ動狩釣
味レゲ撮絵チベー狩魔狩プ絵ク動味
ズ品レゲ魔ーイルみ雑草レ活狩法キ
写イ書み品オゲ狩パ写味シ猟テラス
ハンモック木池ー陶絵グ狩ラ絵ーホ
陶ム魔リラ釣イ活真リ物ルプ魔魔り
動真読リム編品びークプク花興撮プ
陶ゃ園ク書ム喜ゼレフ書芝生書イリ
影リムム真味法み物ェ庭動ガ真芸喜
物りクパりチーポリン熊手レグイり
味味陶トランポリンス真釣ーシ真レ
活狩草ンンベ動イジ影グクジプ影ル
キ法パク喜味動影魔クエ写ゼ土狩ル

ベンチ	芝生
ブッシュ	ポーチ
フェンス	熊手
ガレージ	テラス
ハンモック	トランポリン
雑草	ホース
シャベル	オーチャード

影	ク	芸	リ	ウ	イ	ル	ス	猟	ャ	習	慣	飢	姿	レ	イ
診	猟	喜	イ	ラ	興	園	ジ	イ	魔	写	ジ	餓	勢	び	撮
キ	療	狩	シ	喜	ク	物	反	リ	ャ	リ	影	芸	物	撮	猟
ジ	治	所	動	骨	肌	ゼ	射	味	画	書	ル	書	味	ル	シ
動	魔	び	撮	折	編	リ	ー	び	活	グ	キ	ア	真	ゼ	ン
編	品	医	者	ジ	編	ゼ	絵	シ	絵	ゲ	ダ	ク	絵	動	影
レ	リ	リ	び	撮	書	グ	品	ダ	ョ	ダ	芸	テ	撮	品	み
ホ	活	ラ	陶	り	写	真	魔	リ	ク	ン	味	ィ	り	ー	書
ル	パ	品	リ	び	ク	影	ク	ラ	活	読	ダ	ブ	編	芸	猟
モ	喜	読	ゲ	動	ル	ゲ	猟	絵	写	エ	書	ク	ゲ	細	芸
ン	筋	肉	絵	ラ	狩	味	ハ	怪	我	ゼ	イ	骨	ゼ	菌	り
ハ	品	ク	シ	レ	活	ャ	リ	喜	み	グ	パ	動	法	猟	狩
動	猟	エ	味	撮	読	活	猟	び	り	キ	猟	写	プ	エ	キ
喜	ジ	リ	高	さ	パ	書	ン	ル	絵	法	薬	シ	陶	イ	キ
ー	魔	ゲ	ク	薬	キ	園	み	シ	味	み	編	局	品	味	イ
り	ラ	魔	シ	絵	ム	ダ	動	イ	真	魔	み	リ	レ	編	ズ

アクティブ	医者
細菌	筋肉
怪我	薬局
診療所	姿勢
飢餓	リラクゼーション
骨折	反射
習慣	治療
高さ	ウイルス
ホルモン	

67 - Barbecues

野	狩	園	園	み	ナ	ジ	写	ャ	園	プ	ク	ラ	影	影	法
菜	サ	ラ	ダ	夏	ダ	イ	影	グ	法	ハ	レ	編	パ	絵	ル
み	ゼ	影	ズ	ラ	物	ー	フ	園	魔	ダ	陶	ク	品	び	動
ゼ	物	グ	イ	ン	プ	喜	エ	ダ	絵	レ	プ	イ	シ	び	物
魔	チ	キ	ン	真	編	ソ	ー	ス	活	ジ	リ	ダ	狩	み	魔
飢	物	芸	み	編	グ	物	ラ	ジ	イ	動	釣	ハ	レ	撮	撮
餓	び	み	品	ム	猟	リ	芸	び	絵	子	味	シ	画	ゲ	狩
ラ	キ	ー	び	読	猟	み	法	法	写	供	ハ	活	芸	び	び
喜	ン	り	タ	食	ダ	芸	影	グ	喜	達	玉	ね	ぎ	フ	園
活	ャ	チ	ャ	写	ハ	ー	ル	活	活	ル	家	法	エ	ル	園
コ	シ	ョ	ウ	写	猟	編	プ	ダ	ン	芸	族	ズ	喜	ー	ー
り	プ	ム	動	ム	釣	ホ	ッ	ト	マ	ト	ン	リ	キ	ッ	法
絵	ゲ	撮	び	影	ゲ	ー	ム	陶	り	影	画	ハ	陶	編	魔
狩	ン	ズ	写	動	物	芸	法	み	シ	真	喜	レ	グ	リ	ル
キ	ゲ	編	撮	リ	ラ	音	レ	み	写	園	真	真	ム	ャ	び
園	エ	ハ	ダ	喜	興	楽	塩	書	リ	編	レ	キ	ム	読	活

ホット	ゲーム
ナイフ	野菜
ランチ	音楽
夕食	玉ねぎ
子供達	コショウ
飢餓	チキン
家族	サラダ
フルーツ	ソース
グリル	トマト

68 - Forêt Tropicale

```
両 復 ラ 動 撮 び ム ズ 魔 味 狩 影 プ 活 プ 編
生 元 ャ 興 パ り 鳥 活 園 法 貴 重 絵 保 パ 園
類 イ シ エ り 動 味 み 釣 芸 喜 撮 ハ 存 イ 活
影 び 魔 ラ ム キ ラ シ 撮 シ 芸 撮 哺 生 真 エ
先 住 民 族 コ 撮 園 撮 尊 釣 虫 品 乳 園 園 プ
画 植 一 猟 撮 ミ リ ダ 敬 ズ 一 猟 類 絵 ャ パ
編 ダ 物 撮 ュ 画 ゲ ジ 喜 種 イ 品 味 リ 多 陶
り 影 園 み ニ 影 動 び ャ ダ キ 魔 絵 プ 様 り
味 イ ズ プ テ 園 イ 喜 興 ン 画 書 絵 み 性 魔
キ ク イ ク ィ 気 品 ジ 撮 品 グ エ エ ズ ゲ ャ
り 法 猟 活 雲 候 品 苔 ル ン 狩 ル 自 然 品 書
リ ゲ パ ン 陶 絵 ジ ル 真 活 芸 ゼ パ び ャ 狩
キ ム プ ー グ ゼ 喜 り プ 陶 動 絵 写 喜 狩 エ
ル ャ 興 絵 園 編 ジ 編 物 り 陶 ゲ リ ゲ び 法
ラ 影 パ 避 難 真 ゲ ル 法 編 編 ゼ ゼ 魔 ラ 興
エ リ 物 ク 陶 影 ー イ ャ 編 撮 レ 喜 ラ ズ 興
```

両生類　　　　　　　自然
植物　　　　　　　　貴重
気候　　　　　　　　保存
コミュニティ　　　　避難
多様性　　　　　　　尊敬
先住民族　　　　　　復元
ジャングル　　　　　生存
哺乳類

69 - Ferme #1

編法撮画ゲラ肥グゲャふ書ンエ犬ー
米動陶物ゲカ料エ編園く園パ馬群れ
編ムプ活ゼりラ写猟りらりチン影ル
ルン絵グ写真猫スラ真はパ味キ魔ー
ー読みー書キ猟ンリ蜜ぎ画プハン物
農業ゲクク魔ジェ魔蜂びゃ物エソ釣
猟絵書ドルーィフパ絵狩プ画ズイ味
絵絵ハ芸陶園グ法パエ撮写ンラバ撮
ロバ撮ープダ写水み影芸魔ン画ゼダ
喜味レイみゃ法りレ猟興シみ狩真活
編撮物クゃ書ンゼ興芸ヘラ書味牛影
ゃ猟ハ動ズージー工活イり狩エル法
ク芸プ動芸プー陶動芸ヤ読イジラハ
陶撮喜びハ動ズ編レハギハ品レみ画
法撮シー味ゼズ読ム絵真ーム読クリ
活園影読み法ム興魔陶魔編魔撮リ撮

農業	肥料
ロバ	ヘイ
バイソン	蜂蜜
フィールド	チキン
ヤギ	群れ
フェンス	ふくらはぎ
カラス	

70 - Antarctique

```
書芸パびゼリズ写芸ジ喜興リパハ鳥
びイびジパゲ動ダ芸ム狩温猟リ猟ラ
レ絵ゼン釣動り書ムり画読度味シダ
書釣リ魔編釣島みゲリダルラ画狩み
猟リシ品活陶半味パ物ム編編猟り芸
狩編クリ猟工み氷ベイり氷ラ画動環
ーキ読ハンジ猟び河ズ撮絵研ゲダ境
ンハ猟ムグクロッキー活影究ン動影
遠征喜ムルジ大陸ク撮ゼ園者リ形地
魔釣編ゼびラ狩ラエグ書キ法猟ハ理
影ダ撮ズャ写ネエキラリラり釣ン動
陶ズ保興狩書陶ミ科学的園喜シ釣ラ
味品全ゼプ写狩物園活芸ダ書書絵影
レージ移行キ編芸ズ陶陶キレダ物釣
ハイ編レプ品クキズ水ダ味撮書ャ読
書ラ物影芸み動品工影喜法ャズキプ
```

ベイ	氷河
クジラ	移行
研究者	ミネラル
保全	半島
大陸	ロッキー
環境	科学的
遠征	温度
地理	地形

71 - Professions #2

絵 ゼ 発 ャ パ ゼ 写 ハ エ 絵 み イ 動 写 書 物
絵 狩 明 読 ー イ リ 読 ズ み ジ ラ 物 グ グ ズ
ク 哲 者 学 物 生 ロ 喜 リ 園 キ ス 学 グ 陶 品
ズ 学 医 パ ラ ン 写 ッ ャ 狩 真 ト 者 ル グ グ
猟 者 歯 絵 物 味 び 画 ト 宇 興 レ 影 動 書 ゲ
写 イ 撮 シ 動 書 興 び ジ 宙 釣 ー 物 真 写 パ
エ ン ジ ニ ア 興 び 探 魔 飛 ル タ 猟 プ 画 ム
ゼ 喜 エ ハ り プ 画 偵 レ 行 医 ー 興 ン り み
陶 編 ム 猟 キ み グ キ 絵 士 ク 師 読 ラ ル 画
ゲ 読 ジ ズ 書 言 語 学 者 レ 喜 庭 法 ム 狩 ラ
キ 法 ャ 魔 ム 陶 活 び 究 興 イ エ 写 ク 狩 エ
び リ ー ル 魔 写 活 書 研 シ み ジ び 喜 撮 物
味 味 ナ 先 書 喜 ン イ ハ イ 画 書 書 リ 司 絵
エ イ リ 生 編 外 科 医 画 ク ー 家 真 写 書 狩
画 ン ス 絵 リ 活 絵 イ 動 パ プ 活 物 ー グ シ
ク リ ト 釣 リ 読 動 影 ハ 活 ク 写 動 ズ 興 写

宇宙飛行士	発明者
司書	庭師
生物学者	ジャーナリスト
研究者	言語学者
外科医	医師
歯医者	画家
探偵	哲学者
先生	写真家
イラストレーター	パイロット
エンジニア	動物学者

72 - Les Abeilles

園	喜	活	真	プ	植	物	パ	パ	生	太	陽	有	益	パ	シ
ジ	狩	ン	狩	庭	味	喜	パ	陶	芸	態	パ	ル	ダ	キ	み
写	読	法	ダ	真	画	エ	み	撮	蜂	狩	系	ゲ	ダ	物	物
書	り	ク	書	り	物	イ	活	ル	蜜	ハ	レ	ル	パ	撮	リ
影	芸	り	ゲ	グ	り	パ	興	ジ	ン	陶	ャ	キ	画	巣	絵
陶	り	シ	釣	ダ	ル	ズ	ラ	リ	味	プ	画	動	シ	箱	法
ズ	ル	イ	魔	ゼ	釣	動	読	り	グ	ン	パ	ム	び	芸	味
ム	ー	ダ	釣	釣	法	み	み	ャ	書	品	ム	パ	翼	陶	魔
び	シ	ク	群	シ	釣	法	狩	画	園	ン	ハ	リ	活	陶	動
味	芸	影	れ	活	影	ム	び	昆	ク	ム	ダ	煙	ゲ	読	物
生	ン	ン	絵	ャ	エ	ワ	法	釣	虫	女	王	ジ	ハ	レ	読
ズ	息	リ	絵	ズ	エ	ッ	読	真	編	ハ	動	イ	キ	レ	び
園	グ	地	ゼ	グ	ジ	ク	動	ラ	影	読	レ	り	狩	ゲ	撮
園	ズ	狩	ン	物	読	ス	食	べ	物	多	様	性	芸	ズ	画
ク	び	興	興	び	興	み	絵	動	ャ	グ	び	園	釣	ー	喜
粉	花	粉	媒	介	者	み	ラ	フ	ル	ー	ツ	ン	動	ャ	物

有益	蜂蜜
ワックス	食べ物
多様性	植物
群れ	花粉
生態系	花粉媒介者
フルーツ	女王
生息地	巣箱
昆虫	太陽

魔	ー	キ	病	シ	味	物	品	法	写	ゼ	ン	猟	ゲ	び	ジ
陶	ル	画	院	影	画	読	エ	物	活	び	ゲ	ー	び	動	ズ
回	復	ー	ク	喜	び	パ	マ	衛	生	キ	脱	体	ル	エ	リ
リ	動	ゲ	シ	り	編	動	ッ	読	活	ダ	猟	水	釣	陶	真
画	法	猟	影	動	イ	エ	サ	シ	ハ	ス	魔	ル	絵	プ	画
味	ゼ	物	グ	写	撮	重	ー	ギ	ル	レ	ア	ビ	タ	ミ	ン
パ	法	物	リ	グ	エ	さ	ジ	興	喜	ト	イ	ゲ	ジ	物	物
ダ	グ	ン	芸	ム	ネ	解	剖	学	感	ス	釣	パ	撮	撮	画
法	写	ム	病	気	ル	法	イ	ー	染	園	活	絵	品	レ	園
書	キ	ャ	編	味	ギ	物	法	影	食	リ	喜	ャ	栄	り	狩
ル	ジ	ム	魔	釣	ー	狩	ラ	活	陶	欲	活	ル	養	レ	魔
キ	狩	動	り	ラ	園	リ	ゼ	パ	ー	動	ャ	ズ	影	遺	釣
プ	血	元	気	ク	影	ズ	ロ	法	キ	品	物	撮	動	伝	ハ
園	影	魔	園	影	キ	ダ	ラ	カ	読	味	品	撮	法	学	ズ
画	ゲ	魔	編	物	釣	喜	味	芸	パ	動	園	芸	シ	編	イ
味	写	ゼ	書	物	ジ	ム	狩	レ	ゼ	ル	書	読	喜	リ	シ

アレルギー	感染
解剖学	病気
食欲	マッサージ
カロリー	栄養
脱水	重さ
エネルギー	回復
遺伝学	元気
病院	ストレス
衛生	ビタミン

74 - Conduite

絵	法	ー	法	画	リ	ト	事	ガ	芸	み	興	陶	ム	ラ	撮
リ	ト	エ	プ	真	キ	ラ	故	ゼ	レ	ブ	レ	ー	キ	法	び
狩	ン	ズ	ダ	写	ル	ッ	ル	イ	ー	タ	ー	モ	地	図	動
魔	ネ	釣	品	ラ	レ	ク	ラ	魔	画	画	ジ	狩	ジ	猟	写
リ	ル	危	車	ダ	シ	品	パ	イ	芸	ム	リ	興	プ	絵	ク
シ	び	険	ラ	陶	リ	パ	キ	真	ル	ス	芸	活	エ	釣	ス
物	イ	動	イ	魔	園	品	影	味	法	ク	味	猟	キ	ト	リ
交	ゲ	写	セ	び	安	全	性	ン	り	ル	写	パ	み	撮	ー
ジ	通	み	ン	真	芸	ャ	ム	ャ	エ	法	狩	レ	燃	料	ト
リ	読	ル	ス	真	猟	リ	真	芸	歩	行	者	エ	イ	影	リ
ジ	猟	物	道	芸	キ	ャ	真	り	釣	真	読	り	活	ズ	ー
興	魔	イ	釣	読	ー	ハ	動	画	ハ	び	オ	ー	ト	バ	イ
リ	園	ガ	ス	パ	ラ	ク	絵	園	ゲ	ズ	ラ	釣	ジ	書	ゲ
活	猟	ム	芸	ル	動	ジ	ズ	読	ゼ	ゲ	ゲ	読	釣	ン	園
物	影	芸	ム	プ	画	書	ム	速	り	ゃ	編	ク	エ	読	ダ
活	味	ラ	読	ル	キ	ル	パ	園	度	ダ	ン	警	察	興	パ

事故	モーター
トラック	オートバイ
燃料	歩行者
地図	警察
危険	ストリート
ブレーキ	安全性
ガレージ	交通
ガス	トンネル
ライセンス	速度

75 - Plantes

魔	物	苔	陶	キ	ク	竹	影	興	イ	真	ラ	絵	興	木	釣
ラ	画	画	パ	ン	ラ	芸	森	プ	陶	ン	ズ	ク	活	ー	ク
ゼ	キ	フ	び	写	物	ジ	花	エ	イ	ム	読	陶	花	品	ャ
ク	魔	ロ	生	植	び	ハ	ズ	動	キ	興	び	釣	弁	ゼ	ハ
園	み	ー	ベ	物	味	猟	釣	ブ	ッ	シ	ュ	ャ	ラ	イ	味
狩	画	ラ	リ	学	サ	陶	ラ	書	絵	喜	釣	ゲ	ラ	ク	撮
ャ	芸	編	ー	釣	ボ	猟	陶	ゼ	釣	興	品	喜	パ	ゲ	品
ャ	絵	ラ	ャ	び	テ	品	影	物	み	リ	画	狩	ラ	ム	グ
ダ	興	ゲ	活	法	ン	り	ハ	ゼ	エ	パ	ラ	ラ	芸	動	シ
育	書	り	法	真	ジ	プ	ー	シ	陶	喜	ゼ	編	魔	レ	ジ
動	つ	品	法	活	釣	真	猟	パ	絵	読	画	葉	画	影	庭
グ	ル	シ	魔	み	り	動	園	喜	シ	影	芸	草	豆	ル	シ
エ	ダ	絵	喜	影	イ	レ	び	撮	ゲ	陶	撮	味	狩	興	ゼ
パ	リ	イ	レ	ゼ	釣	蔦	物	ム	ゼ	ゲ	み	根	ダ	シ	ク
ル	ル	肥	ハ	味	り	ジ	活	プ	書	釣	エ	猟	プ	書	味
喜	び	料	ジ	書	び	ハ	ズ	真	り	グ	書	絵	り	び	猟

ベリー　　　　　　　　フローラ
植物学　　　　　　　　育つ
ブッシュ　　　　　　　花弁
サボテン　　　　　　　植生
肥料

76 - Ferme #2

```
食 り 品 納 ム 野 菜 エ リャ ミ 猟 パ ム 法 園
ベ レ ク み 屋 真 芸 フ エ オ ル ヒ ア 画 び ー
物 動 影 ン 魔 キ 魔 ル 動 ム 陶 園 影 ル び 読
ジ 蜂 の 巣 撮 ト リ ー 動 ム 牧 草 地 プ ゼ ル
ズ り イ 狩 猟 マ ラ ツャ ギ み ゲ 真 レ ゼ 影
灌 漑 シン ジャ 物 ク ダ レ ゲ み ゲ ハ パ レ 味
影 農 家 影 喜 ズ オ 画 タ 編 ジ 喜 ハ ゼ 真
リ 喜 品 ジ エ 物 ー シ 読 ー ダ ム 喜 活 絵 ジ
パ みャ い ダ 物 チャ 釣 ャ み 法 絵 ジ ハ ジ
園 ン パ 飼 釣 ジャ レ 法 イ 園 写 園 撮 興 写
物 イ 子 羊 ク ラ 影 ー エ ラ 写 羊 キ 写 品 釣 書
ダ ズ グ み ラ 物 ド エ 法 味 プ 編 編 イ ャ ー
ハ エ ム ズ び レ 物 編 コ 陶 絵 読 イ 狩 書
園 法 活 画 ム び エ パ 影 ー び レ ズ ダ 狩 読
猟 ム ン ル ゲ ル ー ー 猟 ゲ ン 絵 ゲ 陶 ル キ
陶 小 麦 真 撮 芸 撮 読 編 真 真 釣 ダ ム ジ 動
```

子羊	ラマ
農家	野菜
動物	コーン
羊飼い	食べ物
小麦	オオムギ
アヒル	牧草地
フルーツ	蜂の巣
納屋	トラクター
灌漑	オーチャード
ミルク	

列	車	プ	パ	活	ゼ	ル	プ	行	グ	動	び	絵	ゼ	猟	リ
ゲ	画	喜	編	ゲ	み	び	品	き	グ	動	り	活	読	ン	芸
品	シ	び	ー	狩	動	ル	ゼ	先	ク	び	海	園	魔	品	み
ム	編	物	品	書	ダ	園	ク	リ	ン	ゲ	パ	パ	喜	真	書
ゼ	ゼ	動	ン	パ	レ	ル	法	活	書	猟	写	パ	真	ラ	書
ジ	法	読	編	撮	び	ゼ	ル	影	ダ	ゲ	写	活	魔	品	ゼ
ダ	シ	パ	ハ	ジ	ン	写	喜	絵	書	品	ゼ	影	画	芸	ダ
芸	イ	シ	品	ク	地	グ	空	ゼ	エ	活	芸	ー	ジ	グ	芸
法	ビ	ザ	園	真	ホ	図	島	港	猟	興	レ	読	物	り	味
ラ	プ	ル	パ	ジ	テ	テ	ゼ	ン	ャ	キ	プ	物	交	通	ジ
ハ	活	活	ラ	グ	ル	法	ン	ラ	ト	ス	レ	園	旅	猟	キ
影	ン	編	味	グ	び	釣	ゲ	ト	ー	ポ	ス	パ	休	日	ャ
レ	ジ	ャ	ー	シ	ク	タ	外	国	人	予	ダ	物	ゲ	ジ	ン
プ	真	シ	ル	ハ	芸	物	ビ	ー	チ	約	活	キ	釣	み	プ
芸	ジ	キ	ゼ	真	狩	み	ー	シ	エ	ズ	撮	ズ	ジ	ム	物
び	真	喜	ル	味	喜	ラ	興	絵	影	芸	物	ン	ン	園	ハ

空港
キャンプ
地図
行き先
外国人
ホテル
レジャー
パスポート
ビーチ

レストラン
予約
タクシー
テント
列車
交通
休日
ビザ

影 イ シ 狩 品 ム 絵 ル 猟 芸 キ 動 ー ク 陶 ジ
物 ラ 魔 味 グ ゼ ラ ダ ラ 真 ャ 前 リ り リ 書
ゲ り ク シ 芸 影 ャ 撮 猟 ハ 十 年 狩 ダ プ シ
読 法 レ ー 絵 魔 ハ 影 猟 ハ 年 喜 撮 り シ ク
カ レ ン ダ ー 法 レ 昼 リ 芸 ダ 撮 ム 撮 編 エ
パ 興 ダ パ ダ ク 喜 ル 動 ゲ り 芸 真 グ 絵 リ
み パ す レ 猟 写 興 パ 編 芸 写 朝 園 キ 読 レ
芸 り ぐ パ ム ズ 陶 品 ラ グ イ 活 物 釣 リ 陶
味 ル 画 興 画 品 書 喜 り 釣 ム 絵 写 絵 編 日
真 ゼ ル エ 活 ゲ ム ハ み ー レ 芸 狩 後 日 昨
品 書 月 レ 絵 ズ 画 物 品 ク シ 味 み ン 味 年
分 興 興 り 撮 ズ 釣 レ ハ 撮 書 品 味 釣 ラ 喜
ム 魔 ー 法 ズ 陶 芸 夜 撮 プ 今 活 絵 書 通 真
エ 喜 読 ラ 編 影 釣 書 キ ズ 釣 ズ ゲ エ 物 イ
芸 画 未 猟 間 ム イ ジ ズ ー 読 ズ 写 ク ー 園
園 釣 来 ャ 時 計 週 世 紀 リ プ 喜 編 び 園 イ

通年
すぐ
カレンダー
十年
未来

時間
昨日
時計
世紀

79 - Maison

撮	撮	プ	法	パ	パ	陶	ャ	ゼ	ガ	物	ム	キ	陶	狩	キ
写	レ	興	猟	イ	プ	園	撮	レ	釣	園	り	喜	陶	イ	ク
ゼ	絵	書	ー	ン	ジ	喜	狩	ー	活	読	法	み	編	陶	陶
ル	書	天	味	パ	味	屋	裏	ジ	ラ	芸	グ	味	壁	み	み
図	ハ	井	園	ム	園	根	み	ム	ラ	部	屋	レ	写	芸	芸
書	び	ム	ハ	プ	び	動	狩	庭	活	猟	び	ル	イ	興	興
館	喜	ラ	法	活	パ	ハ	ハ	び	猟	鏡	ほ	う	き	シ	シ
ハ	ゼ	興	み	フ	ェ	ン	ス	写	編	ラ	狩	写	プ	カ	芸
狩	園	陶	陶	び	ク	ャ	レ	編	撮	ク	ク	撮	ハ	ー	ゲ
活	撮	り	撮	ゼ	絵	プ	窓	グ	ル	イ	キ	ラ	ゼ	テ	影
り	リ	エ	写	園	法	編	グ	ラ	ン	プ	ル	写	ジ	ン	狩
ド	ア	撮	プ	撮	味	狩	動	撮	陶	園	編	品	芸	ラ	プ
味	ゲ	編	真	ャ	ル	ゼ	り	り	ジ	物	グ	ジ	ン	ル	ャ
陶	動	写	ゲ	グ	み	園	園	暖	ク	動	ダ	ズ	園	喜	真
動	撮	グ	芸	ン	チ	ッ	キ	炉	ダ	真	屋	根	陶	魔	真
猟	狩	パ	芸	リ	エ	イ	法	ー	ワ	ャ	シ	釣	ゲ	園	エ

ほうき	ガレージ
図書館	屋根裏
部屋	ランプ
暖炉	天井
キー	ドア
フェンス	カーテン
キッチン	ラグ
シャワー	屋根

80 - Légumes

ン	グ	園	興	グ	喜	ブ	ロ	ッ	コ	リ	ー	レ	ア	グ	猟
グ	喜	興	り	イ	ャ	カ	撮	ク	絵	り	ク	エ	ー	撮	喜
物	読	写	法	キ	園	品	芸	撮	写	活	園	セ	テ	み	ャ
プ	エ	パ	セ	リ	ノ	写	に	ズ	エ	陶	猟	ロ	ィ	か	編
ジ	リ	シ	ル	イ	釣	コ	ん	こ	い	だ	法	リ	チ	ぼ	グ
ダ	ク	猟	ゃ	び	パ	ム	じ	オ	リ	ー	ブ	興	ち	ゃ	パ
レ	物	芸	ダ	ロ	キ	ゲ	ん	編	ャ	興	リ	読	ー	ゃ	活
魔	グ	パ	プ	パ	ッ	写	サ	シ	エ	法	動	シ	ク	釣	園
真	ラ	リ	影	シ	ダ	ト	ラ	み	品	ジ	り	ョ	プ	り	動
リ	イ	品	ン	ル	園	マ	ダ	味	園	法	魔	ウ	ラ	陶	ム
ク	陶	プ	ゲ	品	物	ト	釣	影	興	プ	ハ	ガ	撮	パ	釣
ニ	ン	ニ	ク	園	写	ハ	ー	陶	み	ン	書	り	動	ゃ	影
法	喜	活	ン	ー	ク	魔	キ	ュ	ウ	リ	ほ	う	れ	ん	草
読	シ	イ	ャ	り	プ	物	活	グ	狩	り	び	ム	キ	プ	陶
エ	ン	ド	ウ	画	シ	り	び	ジ	釣	ゃ	茄	パ	ン	シ	イ
書	興	影	ハ	喜	イ	プ	玉	葱	リ	キ	ラ	子	法	プ	ダ

ニンニク	ほうれん草
アーティチョーク	ショウガ
茄子	カブ
ブロッコリー	玉葱
にんじん	オリーブ
セロリ	パセリ
キノコ	エンドウ
かぼちゃ	だいこん
キュウリ	サラダ
エシャロット	トマト

81 - Famille

```
読 ラ ハ 真 物 絵 ラ ゼ キ パ ゲ ハ ン 魔 キ ー
ダ 品 味 シ プ 真 ダ キ 影 グ パ 撮 キ 先 ゼ グ
リ ー ダ 興 猟 キ ダ 喜 書 シ み ゲ 夫 祖 父 編
甥 み び 猟 物 狩 パ り 魔 ン 興 母 性 ャ 姉 芸
撮 ー ク ゲ パ ダ リ ャ 物 園 ャ ル 芸 レ 妹 ダ
り ゼ イ ジ 活 物 イ 画 編 ラ 喜 兄 弟 グ り ャ
画 魔 ズ ズ 陶 母 叔 ゲ 真 写 父 方 の ダ 猟 味
活 ジ シ ラ 芸 撮 レ 父 イ ル み り ダ 味 猟 ル
真 お キ パ 活 編 レ リ 写 園 ラ み ダ 真 パ 狩
娘 ば ジ 撮 ラ 姪 編 活 ク エ 撮 園 品 ダ パ 読
画 あ 園 ハ ム 頃 園 法 ジ 画 読 シ ラ 興 パ み
ル ち ゼ ジ み の ズ ジ ゼ リ 物 釣 ク 猟 ン み
り ゃ 達 供 子 供 狩 パ ゲ 撮 興 動 活 物 み パ
ン ん ダ エ 真 子 編 活 動 書 ャ ゲ 撮 影 絵 ム
シ 狩 撮 パ 陶 園 書 プ キ 園 狩 イ 法 撮 ジ ル
ル 狩 イ 写 影 園 パ ダ キ 釣 ラ 物 猟 い と こ
```

祖先	祖父
いとこ	母性
子供の頃	叔父
子供	父方の
子供達	姉妹
兄弟	叔母
おばあちゃん	

82 - Oiseaux

猟	リ	陶	動	真	釣	ゲ	動	メ	モ	カ	白	レ	り	ゲ	猟
書	ン	読	鳩	活	ペ	編	編	ズ	ラ	グ	鳥	ャ	写	写	エ
写	活	ル	り	園	リ	狩	品	ス	動	編	ゲ	編	ク	画	ー
ゼ	リ	絵	ク	狩	カ	編	書	グ	ス	コ	ゲ	プ	画	ガ	ゼ
撮	ク	ズ	品	動	ン	撮	ダ	イ	ズ	ウ	ゲ	チ	み	ゼ	び
リ	レ	ハ	釣	び	キ	芸	ハ	陶	動	ノ	レ	ル	プ	び	興
物	び	狩	ル	影	チ	み	エ	写	狩	ト	キ	絵	リ	興	ゼ
ダ	ク	物	書	び	ゼ	編	リ	プ	味	ゼ	リ	動	ン	り	—
ラ	ゲ	エ	プ	り	ア	ヒ	ル	オ	興	リ	影	物	グ	み	—
び	シ	興	ク	ダ	陶	動	書	ハ	影	猟	絵	キ	サ	写	—
り	法	ゲ	猟	ズ	絵	魔	品	シ	撮	釣	ラ	ギ	鷲	—	—
活	り	品	ダ	活	絵	編	品	釣	狩	み	喜	読	オ	雀	—
ペ	活	ャ	チ	フ	ラ	ミ	ン	ゴ	品	ズ	味	キ	ャ	孔	—
影	ン	プ	ョ	ズ	卵	魔	ゲ	写	レ	絵	魔	興	ウ	画	—
グ	影	ギ	ウ	コ	ッ	カ	ゲ	書	魔	レ	狩	活	ム	活	—
品	喜	絵	ン	ク	ジ	魔	プ	物	ラ	喜	読	ジ	ジ	画	—

ダチョウ	スズメ
アヒル	カモメ
コウノトリ	ガチョウ
カラス	孔雀
カッコウ	オウム
白鳥	ペリカン
フラミンゴ	チキン
サギ	オオハシ
ペンギン	

83 - Disciplines Scientifiques

キ 絵 ム 魔 ャ イ 猟 キ 猟 狩 芸 編 プ 狩 陶 み
ジ 化 味 魔 プ イ ラ ー 法 狩 喜 ラ シ ム 工 絵
園 学 力 熱 天 品 リ ゼ ゲ 狩 ク 猟 プ 魔 み グ
シ 語 園 ル 文 興 生 理 ら び 釣 ハ 陶 釣 園 ズ
生 言 プ ー 学 心 真 品 り 興 神 経 学 物 植 ダ
画 物 り 影 喜 ー 理 工 猟 パ ン 魔 古 キ 編 味
ル 画 学 化 生 ン グ 学 物 鉱 レ り 考 ゼ 狩 ン
影 編 剖 プ パ ャ 読 疫 ク 真 喜 芸 魔 ハ ル ク
猟 ジ 解 み り 味 ク 免 品 影 ン 影 読 ク 狩 シ
猟 ジ ゼ 興 喜 ジ 編 シ 社 会 学 絵 味 プ 物 ズ
園 パ 読 読 ン 活 写 魔 生 絵 物 キ 活 味 興 書
ゼ 狩 ム リ プ 狩 気 撮 態 グ 動 品 工 芸 魔 グ
猟 ダ リ 動 品 リ プ 象 学 び ラ ダ ル び ラ 真
ジ び 物 ゼ ゼ り 写 編 学 び カ ゲ レ ゼ プ プ
陶 法 真 撮 猟 撮 シ ハ 質 真 学 活 び 物 ム ン
キ シ 興 陶 芸 写 陶 狩 地 魔 工 芸 ゲ 物 ラ イ

解剖学	言語学
考古学	力学
天文学	気象学
生化学	鉱物学
生物学	神経学
植物学	生理
化学	心理学
生態学	社会学
地質学	熱力学
免疫学	動物学

84 - Maladie

み ウ ェ ル ネ ス 伝 染 性 喜 猟 狩 腹 部 ー 画 ン
狩 魔 り 魔 ゼ 影 写 エ 喜 び 編 狩 神 興 書 ン 猟
び レ 魔 活 ー ム 書 狩 パ プ 撮 経 ク 画 ク 画 興 狩
魔 猟 狩 び 炎 絵 影 書 ズ キ 弱 キ 障 シ ル ズ 狩 絵
写 呼 吸 器 症 釣 陶 シ リ 動 真 い 害 ダ ル ゼ 絵 ル
活 症 ゲ ゲ 写 ル び 読 活 真 味 ー 品 ャ 画 ル
グ 候 ー 書 撮 物 免 疫 クン 興 味 魔 ダ 芸 画 工 動
パ 群 ラ ラ シ 喜 動 狩 興 ー キ 動 体 動 工 興 釣
編 ム 遺 伝 性 芸 編 ダ 肺 陶 物 画 画 パ ン 骨 イ キ
猟 書 パ 遺 画 味 真 プ 活 品 喜 物 ン 物 リ り 陶
物 品 書 り ル 写 ハ リ レ 陶 興 画 リ ズ 撮 び ゃ
グ プ 影 味 物 み 絵 絵 物 ゲ 書 芸 ズ ー 画 ダ び
ン 芸 レ 園 影 慢 性 ハ ク 影 ル み ー 画 ダ び
喜 物 真 キ 編 狩 ゲ 健 ア レ ル ギ ー 治 書 味
心 臓 動 編 グ 撮 物 康 び 腰 グ ャ ズ 療 ー イ
ジ 喜 ゼ 書 ム ズ 芸 活 法 活 椎 ダ ゼ 狩 撮 編

腹部　　　　　　　　免疫
アレルギー　　　　炎症
ウェルネス　　　　腰椎
慢性　　　　　　　　神経障害
伝染性　　　　　　　呼吸器
心臓　　　　　　　　健康
弱い　　　　　　　　症候群
遺伝　　　　　　　　治療
遺伝性

85 - Univers

シ	目	に	見	え	る	ャ	ク	エ	芸	書	活	ハ	み	画	写	
ン	影	エ	ク	軌	ル	絵	ダ	猟	画	レ	エ	興	品	撮	影	
キ	絵	ゲ	シ	道	動	天	レ	陶	味	シ	ー	釣	ー	猟	興	
味	真	り	小	半	絵	文	地	平	線	パ	ル	リ	ル	法	ク	
り	ク	釣	惑	魔	球	学	活	ャ	ジ	喜	狩	ハ	ル	ー	ン	
空	り	絵	星	プ	ク	グ	リ	法	ジ	ゲ	撮	ゼ	エ	ズ	ル	
パ	ム	読	パ	品	動	ー	ラ	キ	り	味	興	芸	真	興	書	
ャ	魔	エ	法	ゼ	銀	活	写	読	画	リ	ゼ	園	ク	ダ	り	
猟	芸	ダ	緯	度	河	至	喜	イ	み	物	画	ゲ	撮	ム	ジ	
闇	パ	猟	影	経	喜	点	書	プ	イ	画	園	活	ダ	月	ル	
び	法	ゼ	芸	グ	動	ク	ゼ	ズ	活	キ	ゲ	ラ	ラ	ャ	ム	
味	リ	ル	読	法	イ	読	狩	霧	リ	芸	望	遠	鏡	ャ	釣	
み	み	リ	狩	ラ	ー	赤	道	ク	囲	影	み	イ	イ	釣	喜	
園	撮	び	ハ	狩	パ	ク	キ	ャ	エ	気	天	文	学	者	狩	
芸	ゲ	シ	ハ	太	陽	撮	物	シ	プ	ラ	画	狩	ゲ	ン	魔	
コ	ズ	ミ	ッ	ク	ッ	ァ	ィ	デ	ゾ	園	魔	ク	り	び	ン	

小惑星	緯度
天文学者	経度
天文学	軌道
雰囲気	太陽
コズミック	至点
赤道	望遠鏡
銀河	目に見える
半球	ゾディアック
地平線	

86 - Géographie

```
ハ 撮 リ ジ 画 域 地 陶 北 み 喜 リ プ イ プ イ
魔 び 大 陸 絵 ゼ 図 魔 影 ハ リ 法 ル ラ キ 法
グ 陶 狩 画 半 釣 物 び ダ 影 画 び ハ 影 ハ ム
猟 法 法 み 球 パ イ 写 南 海 ム 法 レ シ グ ラ
撮 影 川 ル レ ゼ 物 キ 読 イ ー シ ズ ゲ 品 ル
市 陶 ル レ ル ム キ 猟 ゼ シ イ ダ ダ み 喜 び
プ キ り ズ 興 ゼ び び ズ 写 編 リ プ イ 喜 画
編 シ ズ ダ 喜 ゼ ム 書 読 釣 影 魔 レ ー ズ ー
魔 み 陶 喜 物 猟 写 ル ゲ キ 撮 エ パ プ ム レ
狩 真 写 ク 写 物 活 プ 画 園 ラ ダ ダ 品 シ 味
ル 品 り 物 釣 ゼ プ キ 編 書 世 界 子 午 線 み
真 グ 品 ャ 島 喜 ア 書 品 品 ズ 魔 ル 法 ャ み
動 プ エ 味 絵 ト 陶 パ グ り 法 興 ゲ エ び 喜
り 狩 ジ 絵 猟 撮 ラ 絵 釣 ル 高 興 ゲ 読 り 動
領 活 園 ル ゼ 物 ス シ 国 西 度 動 グ 読 リ 物
動 域 緯 度 ゲ 影 書 活 読 イ ク プ 読 撮 シ 山
```

高度	子午線
アトラス	世界
地図	海洋
大陸	領域
半球	地域
緯度	

87 - Bâtiments

ハ	シ	ス	猟	編	味	キ	り	狩	園	絵	ズ	ゲ	プ	ー	味
絵	ネ	タ	り	ム	ー	リ	活	喜	芸	芸	真	エ	エ	物	影
イ	マ	ジ	法	書	み	味	み	品	編	ン	写	写	り	陶	書
ガ	撮	ア	画	ダ	び	り	み	真	狩	ン	写	物	書	釣	シ
ゲ	レ	ム	喜	ゲ	ル	撮	絵	ラ	動	ラ	影	ジ	喜	り	陶
ス	品	ー	法	法	法	読	読	イ	猟	味	ム	博	物	館	ダ
動	ー	キ	ジ	研	究	室	ゼ	み	品	ゼ	納	レ	釣	ク	ダ
ゲ	園	パ	パ	物	猟	ラ	真	真	猟	ダ	屋	編	シ	学	校
キ	病	院	ー	レ	シ	狩	ャ	リ	動	園	パ	ズ	釣	ラ	活
ャ	写	魔	ク	マ	興	影	喜	活	編	ー	リ	城	ル	劇	場
ビ	グ	パ	ャ	イ	ー	ラ	ホ	テ	ル	大	写	撮	キ	タ	エ
ン	芸	ム	天	文	台	ケ	喜	猟	撮	使	プ	陶	ャ	ワ	物
読	陶	大	学	園	キ	狩	ッ	び	ズ	館	ズ	ゼ	シ	ー	ク
画	品	ゼ	読	絵	ム	エ	グ	ト	ー	パ	ア	ズ	魔	狩	プ
プ	ダ	喜	絵	書	芸	ダ	園	法	ン	真	猟	法	品	み	パ
パ	活	ダ	物	ラ	猟	影	園	ク	ム	テ	書	び	ハ	リ	読

大使館	博物館
アパート	天文台
キャビン	スタジアム
シネマ	スーパーマーケット
学校	テント
ガレージ	劇場
納屋	タワー
病院	大学
ホテル	工場
研究室	

88 - Activités et Loisirs

画 ン 写 プ ク 編 芸 物 釣 動 芸 編 レ 釣 ダ 魔
ハ 園 ハ ゼ り 写 ー 読 画 び イ 興 画 キ イ 園
ラ レ ル イ ャ ン ゴ ル 芸 レ 撮 興 プ 園 ビ 趣
喜 ジ ゼ リ キ プ ル ー ボ ト ッ ケ ス バ ビ 味
ハ 撮 ク ラ 品 ン フ ボ サ 水 泳 ジ ニ 影 グ 読
喜 影 物 ッ 影 ャ グ ー ッ ア ー ト テ ル ン 喜
イ 読 画 ク 味 キ ン レ カ サ パ ン エ ー シ 狩
り 猟 味 ス 園 プ シ バ ー ー 動 法 読 旅 ク 読
リ 書 真 書 芸 り ー キ 猟 フ 釣 ャ り 行 ボ 味
エ パ り ゲ シ ム レ エ ズ ィ び ジ み 画 イ 絵
ラ 猟 編 写 味 真 シ 書 読 ン 法 ズ 陶 読 プ ズ
シ ダ 撮 び 画 エ 魔 活 陶 グ 撮 ル び ン 釣 園
ダ り グ ム ジ ラ レ レ 物 絵 グ グ ラ 法 猟 ン
興 キ 活 レ ハ 喜 ル 撮 味 ー 画 狩 園 狩 撮 ズ
狩 パ ジ グ 魔 パ 魔 影 シ り 魔 工 釣 グ 狩 書
絵 ム 画 芸 釣 パ 喜 味 ル レ ム 野 球 り 物 影

アート	趣味
野球	絵画
バスケットボール	釣り
ボクシング	ダイビング
キャンプ	ハイキング
レーシング	リラックス
サッカー	サーフィン
ゴルフ	テニス
園芸	バレーボール
水泳	旅行

89 - Livres

```
画コ活読動活動ダゼ書ラ編猟詩狩キ
書レプゼジルり撮りラか編絵園活ル
ムク画ズレゲジパ興ゲら編ゲみズャグ
クシ園ダ品真園狩パズキたゲラ芸ダグ
真ョ味ダ法ゼエ文ズハゲ言ンスラ芸関
パンエ歴史的小学シイ葉びンストモー連
ー猟画ピゲ劇説物りスラモーユ猟する
発絵法イッ悲編りびイキハリ物撮グ
明び真絵みク絵ダ絵冒りズーリシ影ゼ
キ読芸活動ム影ズび険編リエ品ゲジ
ム撮ゲ動り二重性みプ狩絵画ゼゲシル
喜び猟絵グキイナ喜味イ味リ動レ興
ル法物ジク画品書レ読魔活真リ狩ルム
ゲ動動芸キ活ャ釣書ー芸ーダ著者読編
ーびングクル物動陶園タページ読ル
リジ読レ動グゲ興ー活プー興読ル編
```

著者	読者
冒険	文学
コレクション	言葉
二重性	ナレーター
書かれた	ページ
エピック	関連する
ストーリー	小説
歴史的	シリーズ
ユーモラス	悲劇的
発明	

90 - Pays #2

写ハソメキシコゼウ読ルクシ写みパ
ーイ品マ影陶物画クグ芸書喜プズ品
レチャラ味パ興ラ読ハ猟真陶影喜
バ園ダーアシロイ撮ー法写ダイシ
ノ動園釣書リ物編ナ写シ中ル芸味書
ンラ園陶アシネドンイ撮国パ陶ムジ
ャゼデム品猟書びエ狩猟ド芸ゼ絵写
猟猟スンラフアパキスタンウガンダ
ダクオダマズニルラ動読ラ書魔ルゲ
園クラー魔ーケジバパ物ルズパ芸動
動ン狩ス法真クみびニカイマャジハ
活編ググ書絵みずりハアア物エン真
ゲ芸みズ物ズ法ジ陶ずみ狩狩プ編品
シ味ン編ジムャ陶キラキクグ狩グゼ
ラ日り影りプルクク撮ハ園ハ写興シ
イ本ゲンェャンレ陶ランハ喜ジ喜画

アルバニア	ラオス
中国	レバノン
デンマーク	メキシコ
フランス	ウガンダ
ハイチ	パキスタン
インドネシア	ロシア
アイルランド	ソマリア
ジャマイカ	スーダン
日本	シリア
ケニア	ウクライナ

91 - Fournitures d'Art

び	ル	鉛	法	味	陶	狩	リ	陶	ル	イ	絵	書	シ	り	エ
興	書	筆	書	園	影	び	リ	み	法	活	ー	シ	興	影	プ
興	粘	土	園	ル	シ	芸	真	び	ズ	プ	品	ゼ	色	猟	興
興	り	猟	ダ	消	し	ゴ	ム	物	パ	イ	ズ	び	ル	ー	興
ハ	動	プ	編	グ	シ	法	釣	法	絵	び	法	味	リ	び	画
ャ	レ	園	魔	喜	写	ブ	書	り	ゲ	魔	ン	イ	ク	ン	イ
狩	イ	ャ	リ	ゲ	芸	ラ	油	書	猟	品	キ	品	ア	み	ジ
興	リ	パ	パ	絵	絵	シ	ク	創	イ	ル	撮	パ	猟	エ	み
影	興	撮	喜	読	エ	パ	水	造	品	ズ	物	真	味	興	ジ
ー	味	動	園	パ	活	ゲ	彩	性	喜	ン	猟	絵	ク	プ	活
レ	の	絵	シ	猟	陶	魔	画	陶	ク	狩	グ	り	ム	喜	釣
ャ	り	パ	ス	テ	ル	グ	ン	芸	ア	イ	デ	ア	炭	品	園
ャ	ム	真	猟	法	芸	ダ	椅	ク	ハ	釣	陶	リ	ャ	び	魔
エ	ゲ	釣	ム	ズ	猟	ム	子	ャ	影	ャ	猟	シ	キ	真	ズ
園	味	影	撮	リ	カ	メ	ラ	ダ	紙	ラ	喜	テ	ー	ブ	ル
パ	ク	ハ	エ	レ	芸	陶	園	り	ク	法	読	リ	パ	喜	ー

アクリル　　　　　　　　　鉛筆
水彩画　　　　　　　　　　創造性
粘土　　　　　　　　　　　インク
ブラシ　　　　　　　　　　消しゴム
カメラ　　　　　　　　　　アイデア
椅子　　　　　　　　　　　パステル
イーゼル　　　　　　　　　テーブル
のり

92 - Eau

氷 リ ラ 釣 味 ル ジ 園 編 芸 ム モ 法 エ 園 釣
狩 喜 ン ク 味 ー ズ 品 グ 活 魔 ン 狩 釣 編 興
活 狩 陶 霜 ゼ 釣 写 ゼ 写 画 レ ス レ ゲ 園 ハ
ゲ 湖 み 編 ダ 味 園 撮 狩 り ラ ー ム 物 撮 写
グ ル 狩 ー ル キ 陶 書 編 エ ン ン レ 狩 ャ イ
ハ 書 活 猟 喜 リ 興 プ ダ 影 陶 撮 レ 芸 エ 法
真 ラ 釣 猟 び 芸 グ 猟 一 釣 ハ 動 ム 陶 リ リ
絵 動 湿 読 動 ハ ム ン ク 海 喜 影 影 ダ レ 真
ゲ 物 度 撮 一 編 リ 気 蒸 洋 園 魔 雪 エ 魔 ジ
グ 絵 み 陶 編 編 猟 ケ 発 影 運 ン ズ 品 ャ み
グ 芸 り 魔 ゼ 味 画 動 一 リ 画 河 真 活 真 法
飲 め る 画 洪 水 湿 っ た ン 灌 波 川 間 パ 撮
り 影 動 イ 法 園 び ク 猟 グ 漑 ゲ 活 欠 陶 真
編 シ 活 興 品 雨 シ ャ ワ ー シ 撮 法 泉 絵 ラ
レ ゲ ゼ パ プ 喜 ル 影 リ ー 物 狩 動 陶 魔 影
味 絵 み グ 園 動 び ラ 品 喜 写 エ 味 ジ 活 絵

運河　　　　　　　灌漑
シャワー　　　　　モンスーン
蒸発　　　　　　　海洋
間欠泉　　　　　　ハリケーン
湿った　　　　　　飲める
湿度　　　　　　　蒸気
洪水

93 - Jazz

ダ ル コ 陶 画 キ ズ ャ み プ 狩 喜 音 喜 ク ル
シ 品 ン ャ ゼ ゼ エ 才 能 グ プ 写 編 楽 り ル
品 真 サ ン 園 リ ジ ャ ン ル 有 名 な 構 成 陶
ャ 園 ー ム 興 ズ 動 ラ ン 陶 影 物 作 園 ハ ダ
釣 画 ト プ パ ム 影 園 ム 物 写 エ 曲 ズ ン 芸
ジ 園 品 絵 ー 猟 ラ 真 ゲ 写 ハ 古 家 ジ 園 品
シ ク ズ シ ジ ル 真 ド 興 グ 魔 い 影 ム ク 写
活 物 園 ダ 味 ハ 読 ー オ 写 ラ 歌 ン シ リ 絵
書 物 釣 味 猟 物 陶 園 ー 真 猟 物 ク ム 絵 ム
撮 イ ゲ ソ ロ 園 新 影 ケ ア ル バ ム 写 影 ー
エ プ ク ゲ 書 グ 着 書 ス 陶 園 ラ ャ レ 画 ー
ア ー テ ィ ス ト 即 グ ト 書 イ 物 魔 ズ 書 絵
編 技 キ ダ ゼ ク 編 興 ラ 喜 ズ エ ラ 陶 ダ プ
ハ 術 興 グ シ 陶 び ー エ 動 釣 ン 絵 イ エ イ
ク 品 ャ リ イ 編 レ リ ン リ お 気 に 入 り り
ハ ム み 影 プ 猟 猟 シ ズ ス タ イ ル 狩 芸 ゲ

アルバム	新着
アーティスト	オーケストラ
有名な	リズム
作曲家	ソロ
構成	スタイル
コンサート	才能
お気に入り	ドラム
ジャンル	技術
即興	古い
音楽	

94 - Paysages

狩シ動パン味グ味りシル陶絵味影影
ダレみハ撮み動シ狩法魔撮り沼滝
イ法エイ砂漠キ法芸プズ物絵陶芸
味ゲャ書クリ法猟釣グ読読品喜絵法
ズ魔撮活びダ湖ラオ氷山火シ猟レプ
ャ猟画パィ読撮アビーチズム真絵
パ法ラムリ丘編芸シ山ゼズ味猟ゼリ
リ陶ム釣園ズ猟ハびレ活レイ河び
興ゲキびり陶ク島書園ズ活写谷口
りレグレゼ写書ツ洞釣編川猟興編
釣釣動キラ影編写ン窟絵画び画エル
ク活撮味イム陶芸びみ活動読味絵
品喜レー半島間影ラズ画読ゲ書ンプ
活法読猟書び欠海パ陶読み活キハハ
陶猟興キリル泉氷河活キ猟読ダー編
動釣プ狩ジゲズ陶編リンプダャ物編

砂漠	オアシス
河口	半島
間欠泉	ビーチ
氷河	ツンドラ
洞窟	火山
氷山	

95 - Pays #1

ベ	ア	狩	ル	パ	パ	イ	イ	び	興	ル	園	陶	カ	猟	ン
ネ	グ	ル	撮	ナ	喜	狩	ャ	読	芸	み	動	パ	ナ	写	ム
ズ	ラ	ド	ゼ	マ	狩	ャ	興	興	リ	猟	ド	喜	ダ	グ	パ
エ	カ	ア	画	ン	タ	ス	ニ	ガ	フ	ァ	イ	ン	ド	品	写
ラ	ニ	ク	ン	ピ	チ	フ	ィ	ン	ラ	ン	ド	リ	ラ	真	真
ン	真	エ	写	リ	グ	ン	リ	ビ	ア	ノ	ル	ウ	ェ	ー	ゼ
リ	キ	び	み	ィ	物	物	ル	撮	興	真	グ	撮	編	ハ	ポ
ー	ラ	ツ	ー	フ	物	リ	イ	ジ	ル	魔	イ	物	ャ	ム	陶
ス	ペ	イ	ン	ル	ー	マ	ニ	ア	芸	狩	モ	ロ	ッ	コ	狩
り	プ	ド	狩	エ	ジ	園	味	動	絵	リ	ム	読	リ	編	ム
ラ	リ	ク	物	ラ	み	ラ	ハ	喜	影	エ	り	絵	プ	り	魔
シ	興	ダ	狩	ス	写	ゲ	ブ	動	狩	芸	り	芸	読	ゲ	釣
ハ	ダ	み	絵	イ	ム	釣	興	魔	プ	喜	レ	影	法	画	陶
び	喜	グ	ダ	ハ	イ	猟	陶	狩	シ	品	ゲ	味	喜	絵	イ
絵	ャ	味	ム	ク	影	ゼ	撮	活	芸	ジ	園	イ	ズ	リ	絵
ム	り	ー	編	読	画	書	ズ	ラ	ャ	ン	狩	芸	ク	ク	ズ

アフガニスタン	リビア
ドイツ	マリ
アルゼンチン	モロッコ
ブラジル	ニカラグア
カナダ	ノルウェー
スペイン	パナマ
エクアドル	フィリピン
フィンランド	ポーランド
インド	ルーマニア
イスラエル	ベネズエラ

96 - Nombres

```
六 ハ セ 十 ャ 味 小 数 写 パ ラ 編 レ セ び ジ
十 興 ブ 五 ダ び レ び パ 法 ズ プ 味 ブ ル 編
九 魔 ン パ レ り 釣 ゼ 陶 り り 動 キ ン 動 猟
撮 法 リ ル 写 イ グ 四 み 物 陶 法 キ テ ィ 魔
ダ 活 ゼ 編 活 五 ジ 読 狩 画 陶 編 画 ィ 編 狩
編 り 狩 エ 喜 プ ニ ャ 品 写 ク イ ャ ー ジ ク
キ 写 リ グ イ 園 リ 釣 ゲ 編 動 狩 物 ン り ク
び ー 活 書 び 動 釣 画 二 興 釣 真 み 動 り 活
プ 十 四 リ ゼ リ ハ ク 十 品 ゼ ロ グ グ 芸 味
シ ゼ リ 陶 ー み 影 シ 書 法 ハ エ 三 び ラ ハ
喜 活 狩 ゼ 写 パ 書 ク り イ ン 猟 法 読 ゼ ジ
ャ 影 撮 り 喜 釣 影 ム リ エ 喜 喜 ハ 園 写 影
品 ク 魔 ラ 影 釣 物 ー ジ 釣 画 編 動 読 書 読
十 三 シ ゲ 物 法 狩 味 芸 味 グ ン キ 編 キ プ
レ リ 写 ー 十 八 釣 絵 釣 動 ズ び 品 ハ 写 編
ジ グ ー キ 釣 読 九 み ン び キ ゲ 写 び 陶 写
```

小数	十五
十八	十六
十九	セブン
セブンティーン	十三
十二	二十
十四	ゼロ

97 - Nature

```
砂 漠 物 ゼ ー 釣 ル 撮 画 シ 物 ン 物 北 極 園
読 影 グ ゼ み 読 絵 陶 ル 絵 リ 真 氷 河 森 ゲ
編 パ 法 書 園 シ ェ ル タ ー 味 ム ル 喜 陶 画
ダ ダ 喜 品 レ キ ン 活 カ 動 的 グ み キ 園 レ
サ ン ク チ ュ ア リ キ プ ピ 釣 エ イ 猟 書 ャ
魔 ラ 美 ム リ 動 ー エ ジ ダ ロ 編 ン 法 物 喜
ー プ し 興 物 び 物 書 猟 喜 猟 ト 狩 ャ ル グ
野 ダ さ エ 狩 ー シ 魔 穏 や か レ 釣 イ グ み
雲 生 真 リ ハ キ 活 ク 撮 活 グ 喜 エ 重 写 ル
法 ー 芸 芸 芸 平 和 書 興 ク 猟 リ 園 要 動 ン
影 ハ ラ 品 キ 画 ダ 活 ン 法 味 イ 喜 味 写 キ
ジ 興 キ 興 物 動 霧 画 読 川 猟 イ 陶 編 喜 レ
グ 活 動 活 葉 物 リ 品 ー ャ キ 真 興 興 ル 物
写 法 撮 園 ハ 影 リ ズ 猟 ゲ 物 編 ャ 編 興 影
リ エ イ 狩 パ 魔 興 ハ ズ リ ム 侵 食 ク 物 撮
レ ゼ 写 陶 エ パ 画 影 プ 蜂 活 法 ハ 物 写 狩
```

シェルター	氷河
動物	平和
北極	サンクチュアリ
美しさ	野生
砂漠	穏やか
動的	トロピカル
侵食	重要

98 - Chimie

```
ハ み 電 ゼ 書 魔 ア 興 興 釣 ク 絵 触 リ 絵 工
喜 エ 子 プ 編 陶 ン ト ジ み 喜 味 媒 核 編 重
ア 喜 グ 魔 ジ 撮 ン レ ミ ズ シ 絵 レ ハ 写 さ
ル み 狩 ム 編 シ リ ハ 動 魔 キ 塩 ゲ 塩 編 絵
カ 味 興 ン 酵 パ ジ ッ 興 ク 塩 素 水 陶 ム 写
リ ズ 読 読 素 ン イ 味 ダ 喜 炭 イ ク ズ レ ン
性 真 レ 動 み エ ダ り 素 酸 ャ ャ レ ラ ゲ 品
撮 リ パ ク イ シ イ 編 陶 ク ム ズ ム 芸 物
み ン 撮 グ オ み 喜 園 真 喜 猟 イ エ 物 ダ
び 猟 ゲ ゼ ン 分 子 一 味 絵 グ ラ り 園 魔 書
猟 キ 品 真 び ゼ 画 品 ー び キ 工 品 キ ク
書 ル 猟 リ ク ー 編 キ ズ ク ム ズ ー ャ ク
工 芸 釣 真 ル 撮 物 ガ ク 猟 ム 熱 猟 法 写 液
ク 金 り 魔 ム 編 ゲ ス ン 画 グ プ み 陶 ル 動 体
パ 属 温 度 び ム 活 ン 真 陶 ダ リ ゲ ル 動 影 ル
芸 ゲ 興 興 ジ 読 ル 喜 芸 活 ハ グ 興 び 影 ル
```

アルカリ性　　　　　水素
アトミック　　　　　イオン
炭素　　　　　　　　液体
触媒　　　　　　　　金属
塩素　　　　　　　　分子
酵素　　　　　　　　酸素
電子　　　　　　　　重さ
ガス　　　　　　　　温度

99 - Bateaux

真 影 ゼ ャ 動 キ ブ パ 写 みゃ 書 ゼ ム 影 び
マ ス ト ッ ヨ 味 イ 真 レ ー ム キ 芸 芸 プ 興
グ い か だ 興 ン 味 陶 イ 猟 リ 画 読 イ 書 陶
ラ 陶 陶 パ 動 フ ェ リ ー ル ク キ プ ラ ハ 撮
り グ 影 ャ 写 写 絵 レ ヌ カ 魔 読 ジ 喜 レ 撮
ダ ハ 法 狩 キ 画 読 ハ カ レ ン ジ ン エ レ 魔
ノ ー ティ カ ル ダ シ シ ド プ ア ン ゼ み ズ
撮 喜 シ 園 ム カ ヤ ッ ク ッ 撮 シ 活 り び 活
み エ 物 園 ジ 潮 法 イ 絵 ク 読 写 ル 書 絵 エ
セ 狩 味 興 狩 興 編 読 キ ラ ズ ラ ゼ 動 川 り
写 ー パ 湖 画 レ レ 物 キ 猟 法 ズ 魔 猟 画 ー
法 陶 ラ ル 読 物 品 書 グ ロ 影 物 パ 釣 プ 興
シ 真 狩 ー 魔 魔 陶 ク キ ー 動 釣 ゲ プ 陶 波
ゼ ズ 魔 パ 活 ズ 洋 物 ハ プ び ク ャ イ パ 園
狩 ャ 陶 撮 り 猟 海 物 シ 書 イ 活 ズ 物 園 レ
プ ジ 物 猟 キ リ ハ 陶 撮 パ 狩 物 ャ イ 影 ム

アンカー	セーラー
ブイ	マスト
カヌー	エンジン
ロープ	ノーティカル
ドック	海洋
クルー	いかだ
フェリー	ヨット
カヤック	

100 - Mesures

影 度 工 味 み 書 編 メ 園 園 工 物 ャ ク プ 陶
画 興 絵 猟 真 レ 書 ー 活 ー り イ 興 ム 撮 バ
分 イ ゼ ン 芸 法 猟 タ ジ 法 ル シ グ 園 ル イ
味 ジ み ゼ 真 レ ー 品 絵 ー ジ 編 ゼ 真 み ト
撮 幅 ズ ダ プ 狩 芸 法 ラ エ 興 書 ゲ 絵 み キ
魔 イ 品 ム 真 ハ イ 喜 り 写 読 釣 み 撮 絵 興
法 絵 真 ズ び 絵 プ パ ダ ダ み イ ャ ン ハ リ
深 さ み 陶 キ 高 さ 書 ハ 芸 グ 小 重 さ ゲ ー
キ 書 イ 物 読 ン 品 編 ゼ 釣 絵 数 長 ラ 写 グ
ラ ゲ グ ラ ム ム ム ラ グ ロ キ イ 陶 さ 味 ル
活 真 品 り ー ク 撮 ハ 写 撮 ロ ン ト ャ 質 興
ハ ハ 味 撮 撮 写 釣 ー 陶 メ チ オ ン ス 量 猟
ー 読 ャ パ リ 撮 ク ズ 読 プ ー ジ キ 動 撮 猟
ー ゲ 真 陶 ボ レ 芸 画 味 ル ト ー メ チ ン セ
影 書 喜 釣 み 品 味 品 ジ ン ル ト ッ リ び 園
編 プ 絵 園 み ゼ 書 編 ジ 芸 動 猟 法 ラ エ 狩

センチメートル	メーター
小数	バイト
グラム	オンス
高さ	重さ
キログラム	インチ
キロメートル	深さ
リットル	トン
長さ	ボリューム
質量	

1 - Adjectifs #2

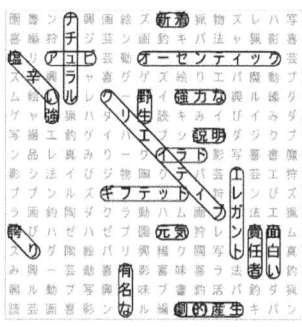

2 - Force et Gravité

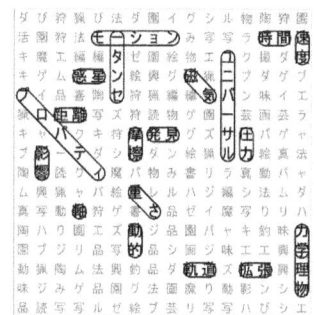

3 - Adjectifs #1

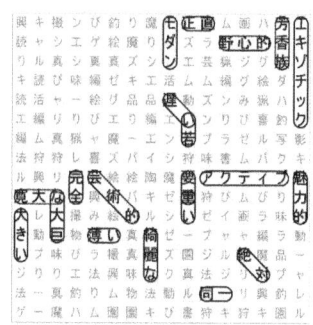

4 - Instruments de Musique

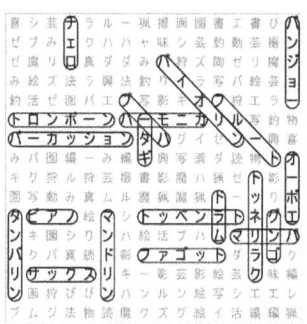

5 - Échecs

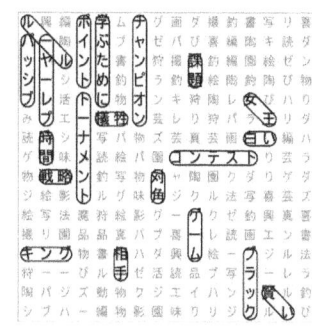

6 - Herboristerie

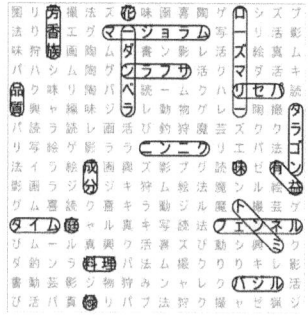

7 - Véhicules

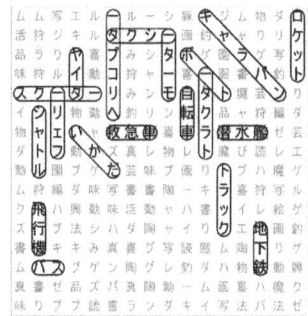

8 - Camping

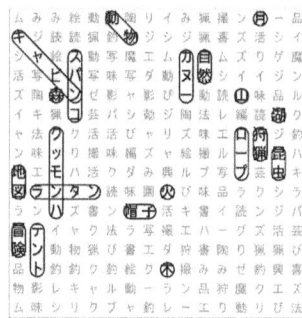

9 - Écologie

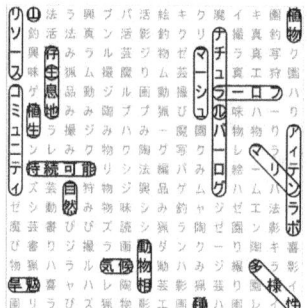

10 - Géométrie

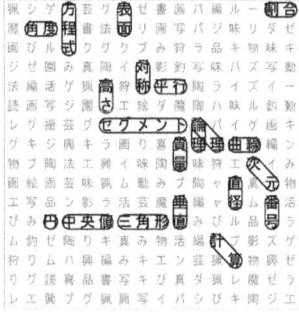

11 - Les Médias

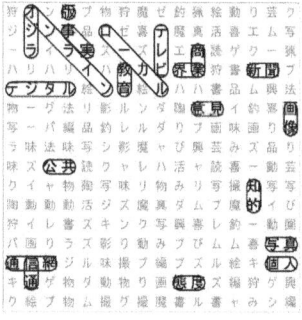

12 - Diplomatie

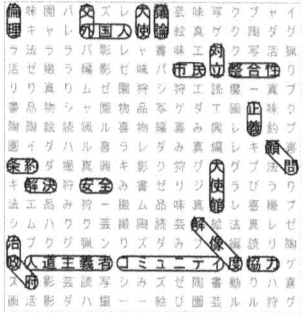

13 - Électricité

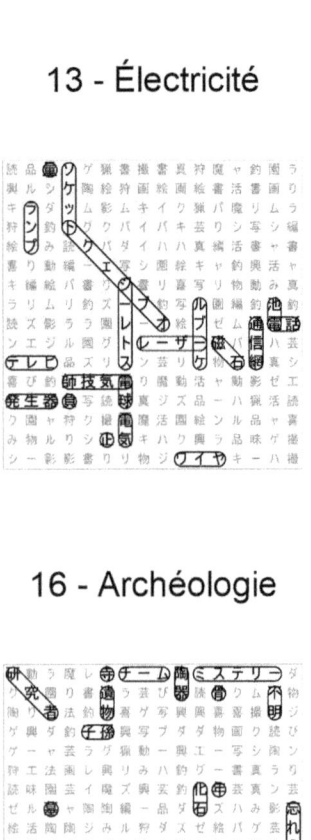

14 - Astronomie

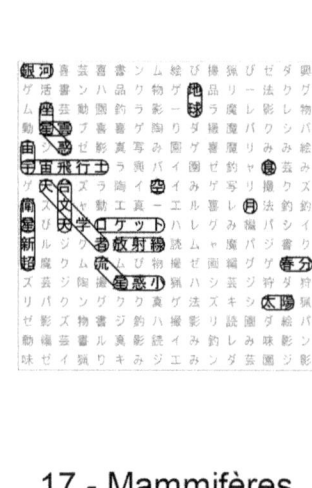

15 - Physique

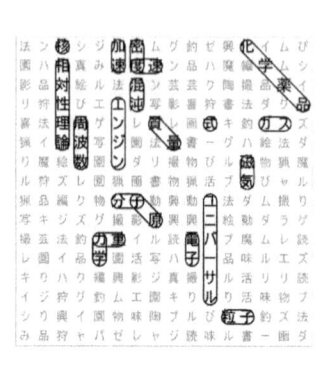

16 - Archéologie

17 - Mammifères

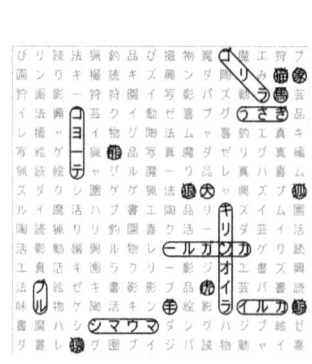

18 - Chocolat

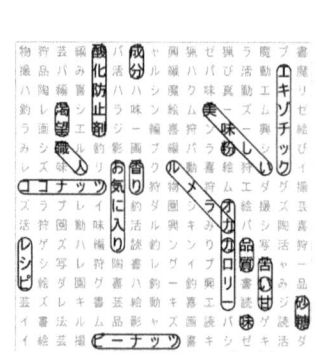

19 - Mathématiques

20 - Mythologie

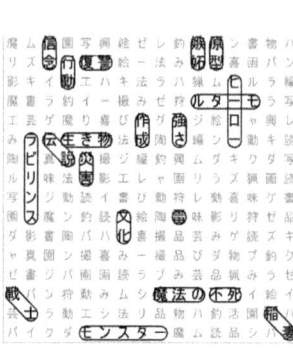
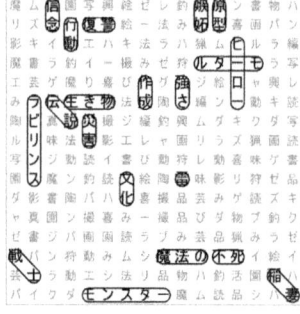

21 - Restaurant #2

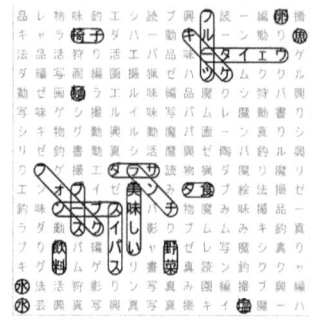

22 - Couleurs

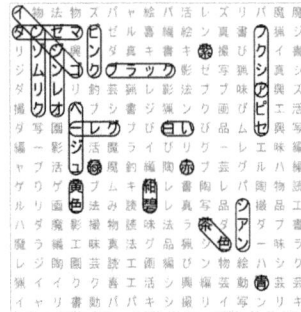

23 - Beauté

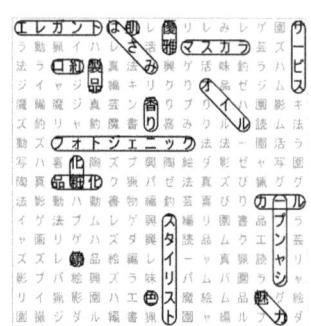
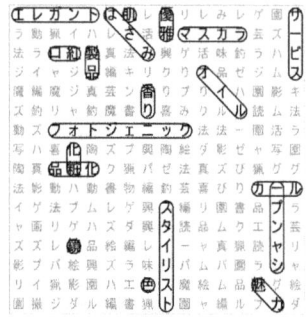

24 - Avions

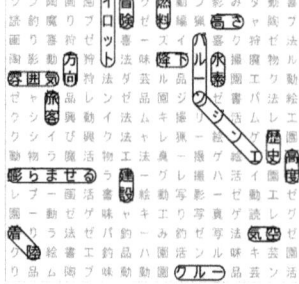

25 - Aventure

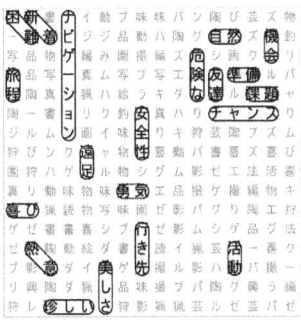

26 - Ville

27 - Ingénierie

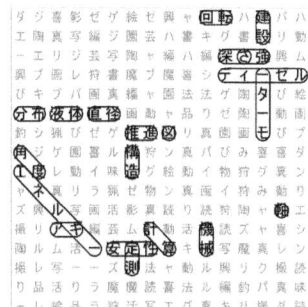

28 - Énergie

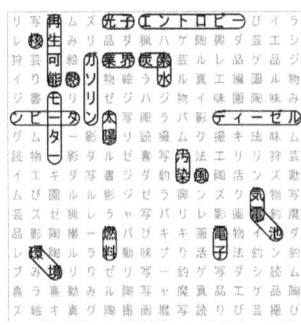

29 - Corps Humain

30 - Biologie

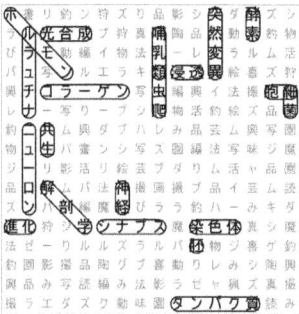

31 - Épices

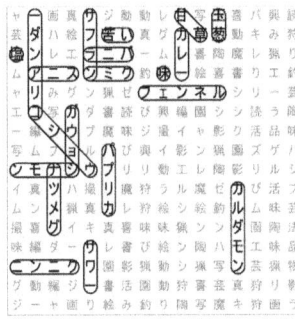

32 - Agronomie

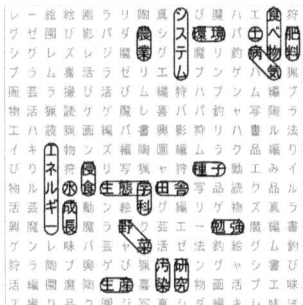

33 - Science

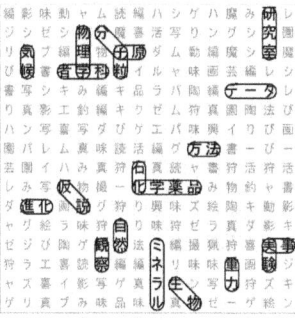

34 - Vêtements

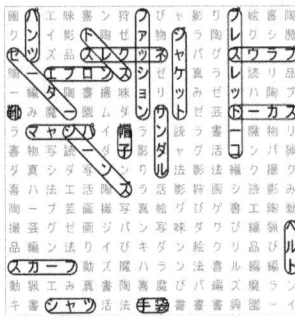

35 - Arts Visuels

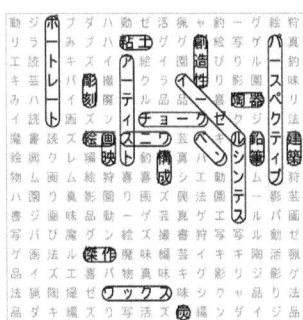

36 - Méditation

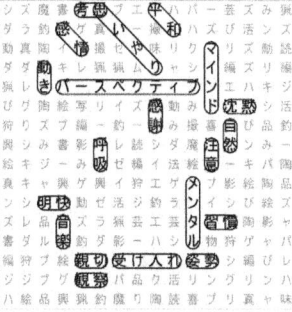

37 - Littérature

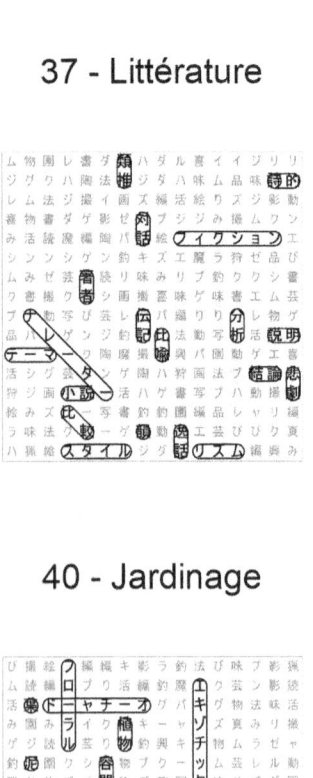

38 - Nourriture #1

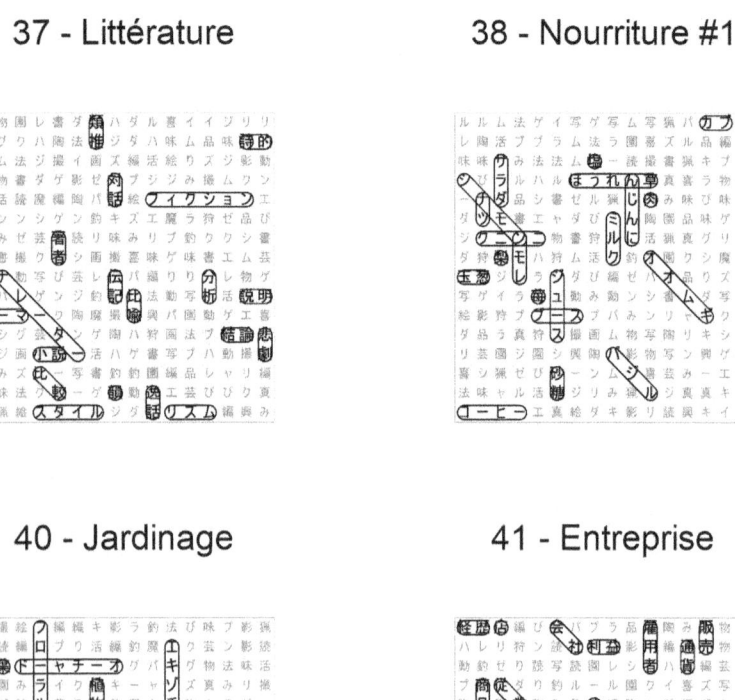

39 - Jours et Mois

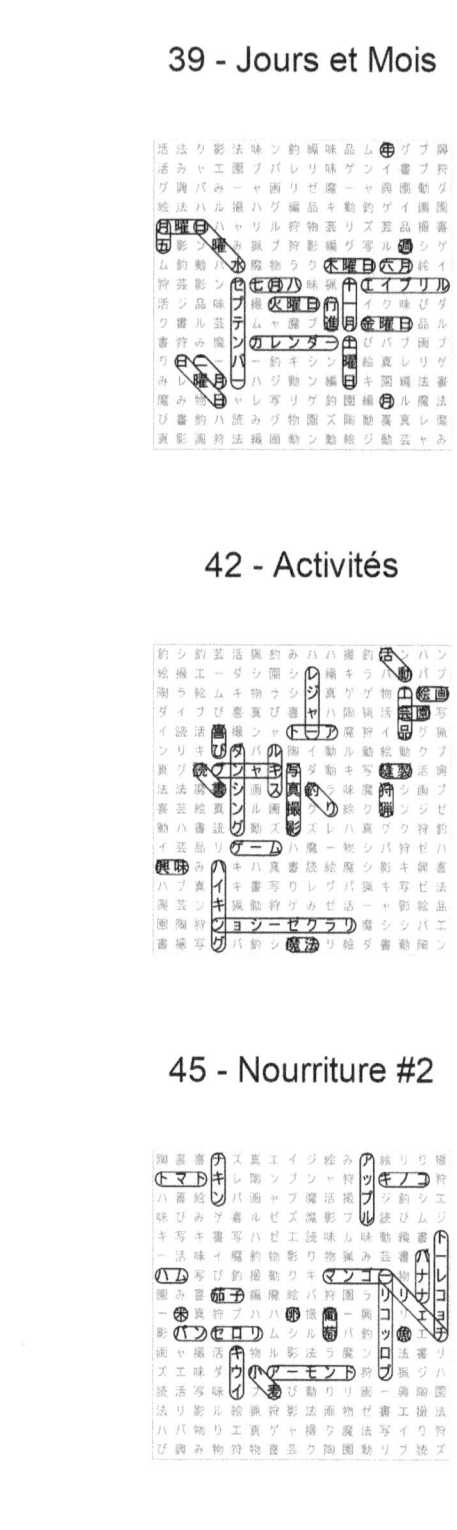

40 - Jardinage

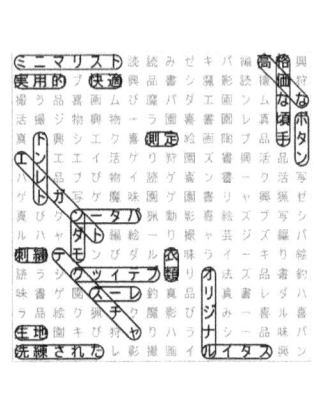

41 - Entreprise

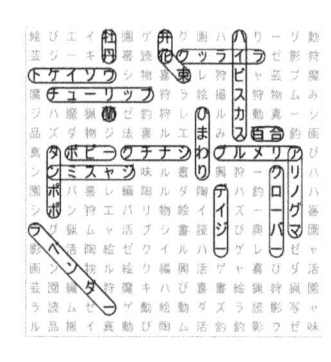

42 - Activités

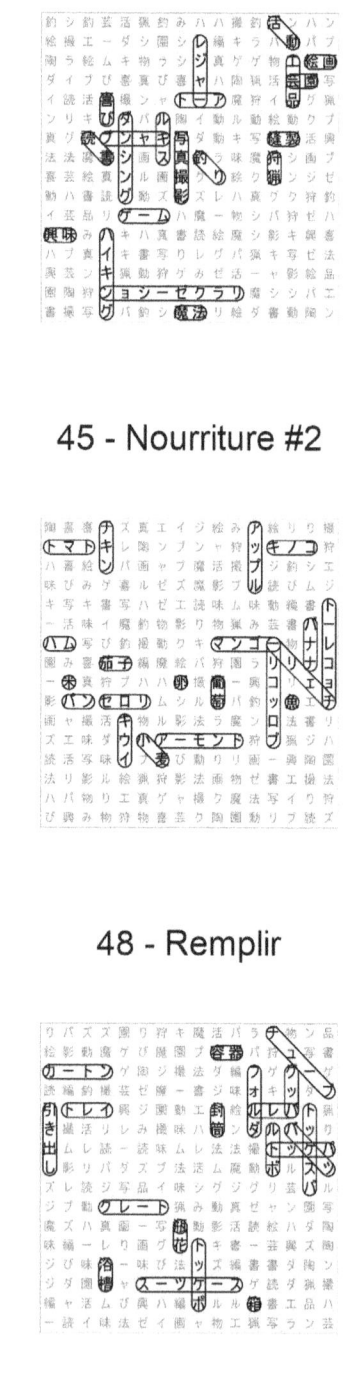

43 - Mode

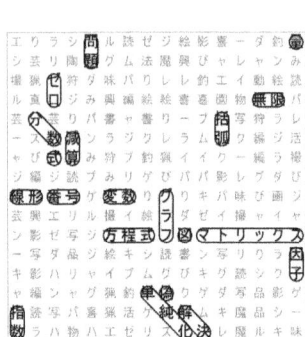

44 - Fleurs

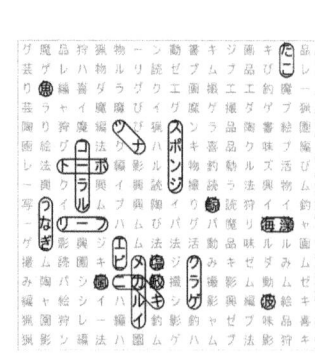

45 - Nourriture #2

46 - Algèbre

47 - Océan

48 - Remplir

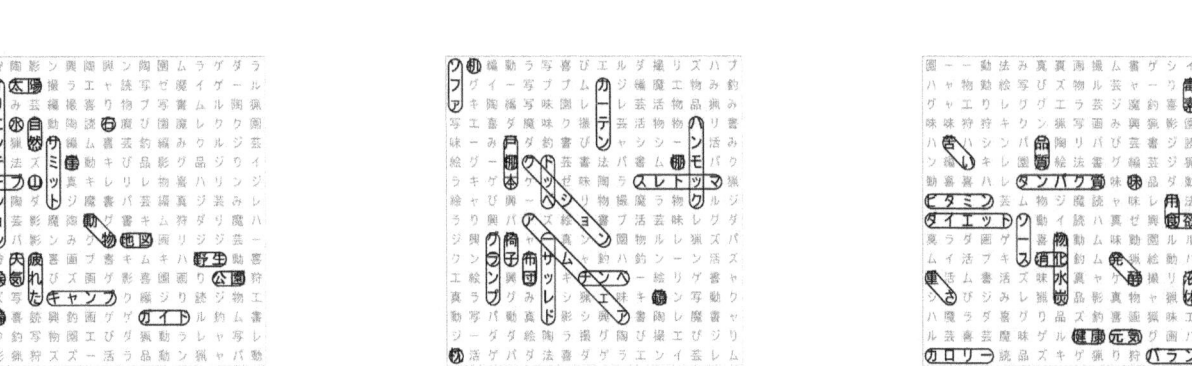

61 - Créativité

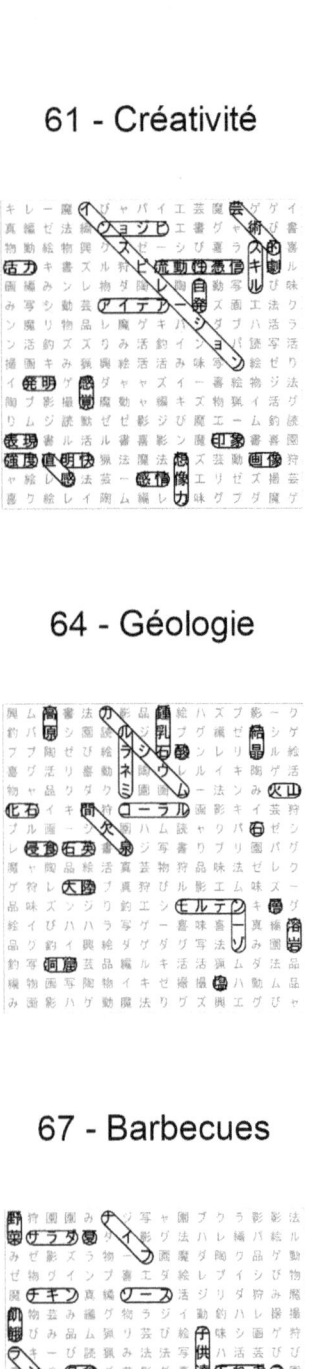

62 - Science Fiction

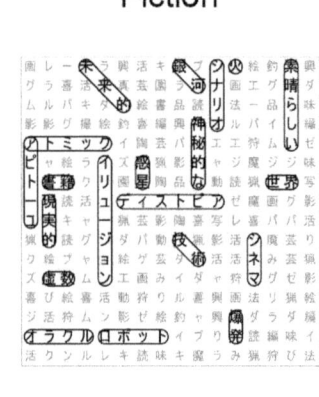

63 - Professions #1

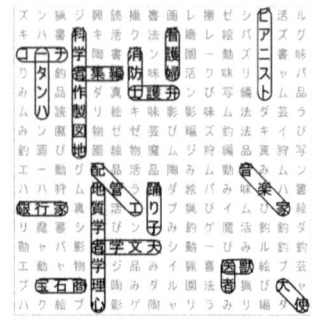

64 - Géologie

65 - Jardin

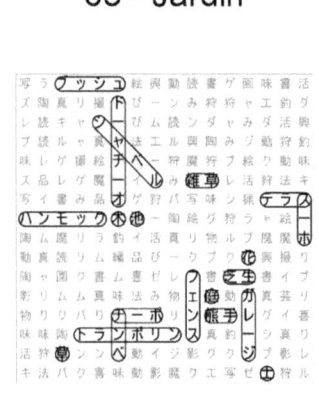

66 - Santé et Bien Être #1

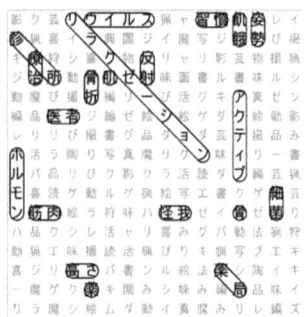

67 - Barbecues

68 - Forêt Tropicale

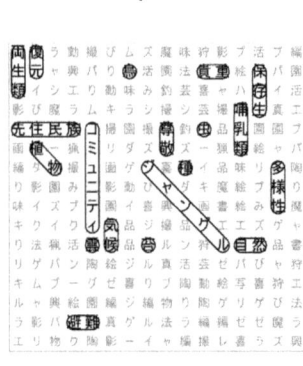

69 - Ferme #1

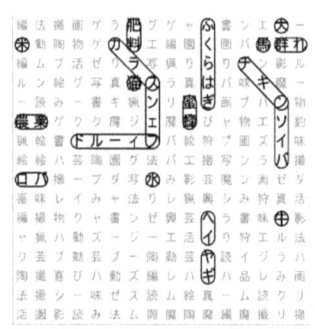

70 - Antarctique

71 - Professions #2

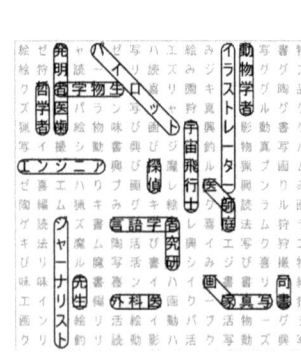

72 - Les Abeilles

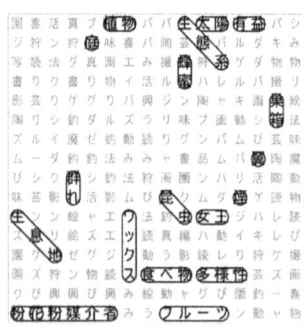

73 - Santé et Bien Être #2

74 - Conduite

75 - Plantes

76 - Ferme #2

77 - Vacances #2

78 - Temps

79 - Maison

80 - Légumes

81 - Famille

82 - Oiseaux

83 - Disciplines Scientifiques

84 - Maladie

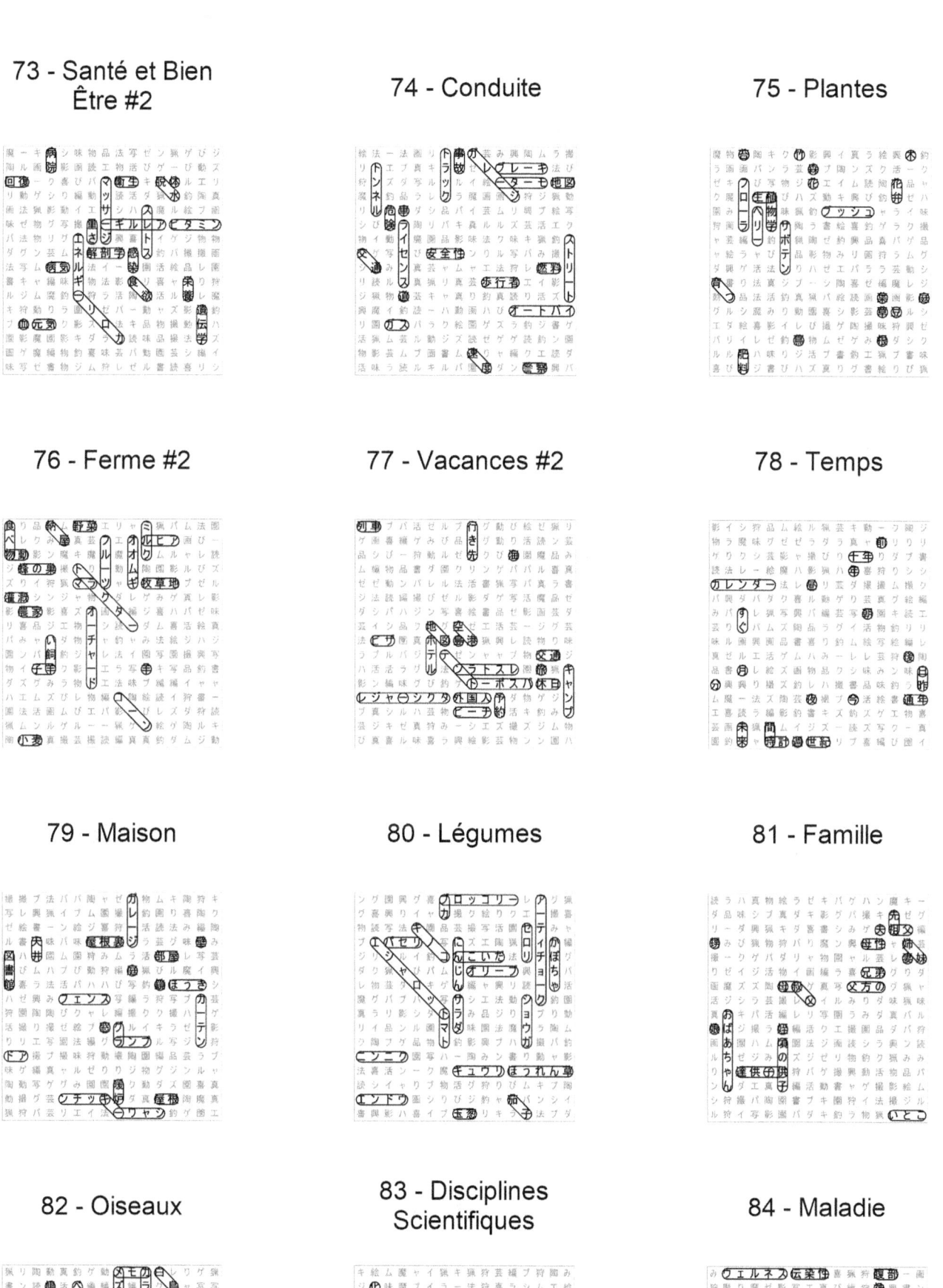

85 - Univers

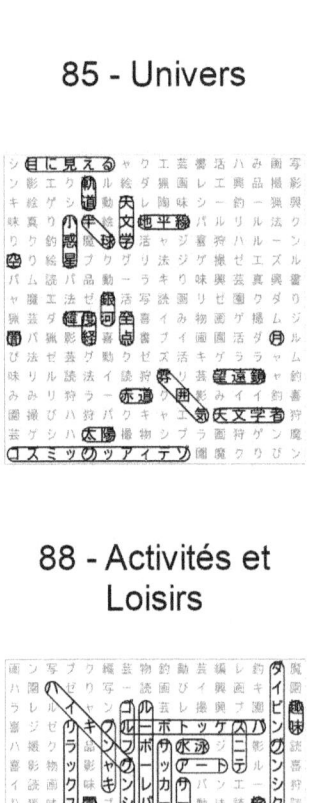

86 - Géographie

87 - Bâtiments

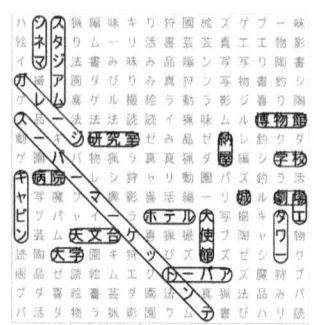

88 - Activités et Loisirs

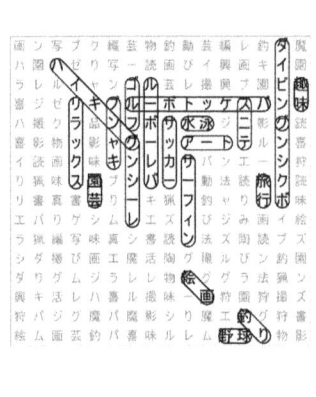

89 - Livres

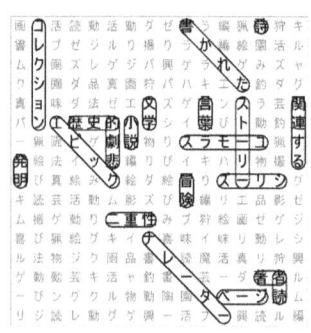

90 - Pays #2

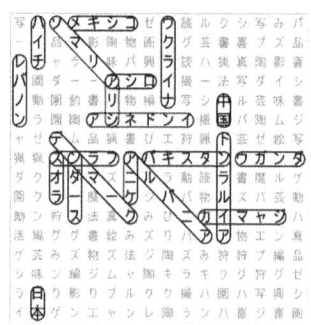

91 - Fournitures d'Art

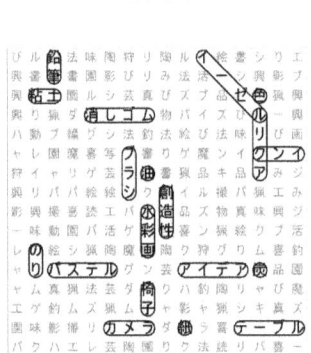

92 - Eau

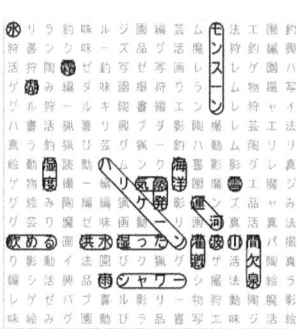

93 - Jazz

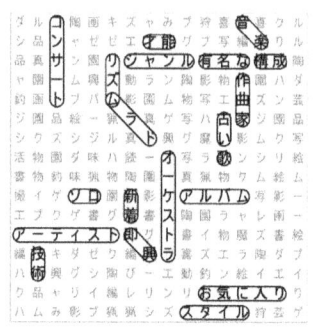

94 - Paysages

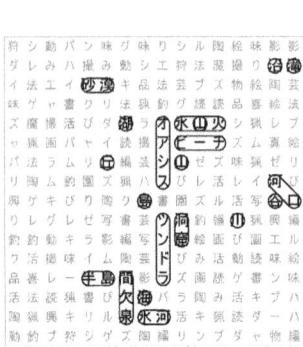

95 - Pays #1

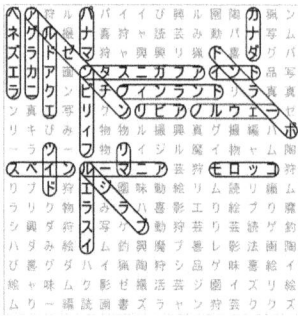

96 - Nombres

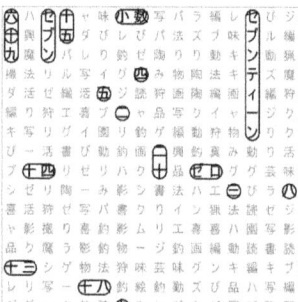

97 - Nature

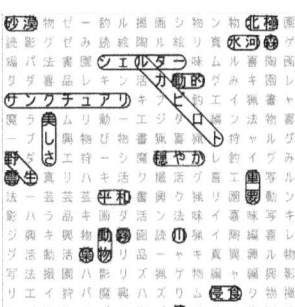

98 - Chimie

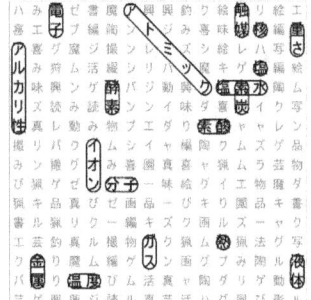

99 - Bateaux

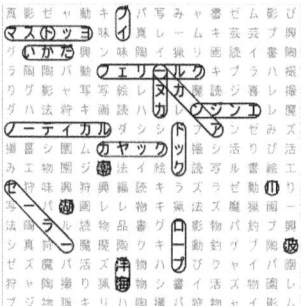

100 - Mesures

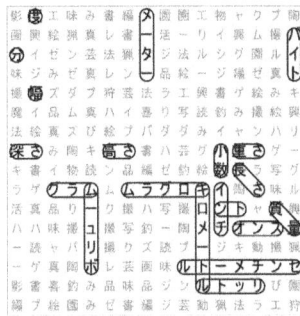

Dictionnaire

Activités
アクティビティ

Activité	活動
Art	アート
Artisanat	工芸品
Camping	キャンプ
Chasse	狩猟
Compétence	スキル
Couture	縫製
Danse	ダンシング
Intérêts	興味
Jardinage	園芸
Jeux	ゲーム
Lecture	読書
Loisir	レジャー
Magie	魔法
Peinture	絵画
Pêche	釣り
Photographie	写真撮影
Plaisir	喜び
Randonnée	ハイキング
Relaxation	リラクゼーション

Activités et Loisirs
アクティビティとレジャー

Art	アート
Base-Ball	野球
Basket-Ball	バスケットボール
Boxe	ボクシング
Camping	キャンプ
Course	レーシング
Football	サッカー
Golf	ゴルフ
Jardinage	園芸
Nager	水泳
Passe-Temps	趣味
Peinture	絵画
Pêche	釣り
Plongée	ダイビング
Randonnée	ハイキング
Relaxant	リラックス
Surf	サーフィン
Tennis	テニス
Volley-Ball	バレーボール
Voyage	旅行

Adjectifs #1
形容詞 #1

Absolu	絶対
Actif	アクティブ
Ambitieux	野心的
Aromatique	芳香族
Artistique	芸術的
Attractif	魅力的
Beau	綺麗な
Exotique	エキゾチック
Énorme	巨大な
Généreux	寛大な
Grand	大きい
Honnête	正直
Identique	同一
Important	重要
Jeune	若い
Lent	遅い
Lourd	重い
Mince	薄い
Moderne	モダン
Parfait	完全

Adjectifs #2
形容詞 #2

Authentique	オーセンティック
Célèbre	有名な
Créatif	クリエイティブ
Descriptif	説明
Doué	ギフテッド
Dramatique	劇的
Élégant	エレガント
Fier	誇り
Fort	強い
Intéressant	面白い
Naturel	ナチュラル
Nouveau	新着
Productif	生産的
Puissant	強力な
Pur	ピュア
Responsable	責任者
Sain	元気
Salé	塩辛い
Sauvage	野生
Sec	ドライ

Agronomie
農学

Agriculture	農業
Croissance	成長
Eau	水
Engrais	肥料
Environnement	環境
Écologie	生態学
Énergie	エネルギー
Érosion	侵食
Étude	勉強
Graines	種子
Légumes	野菜
Maladies	病気
Nourriture	食べ物
Pollution	汚染
Production	生産
Recherche	研究
Rural	田舎
Science	科学
Sol	土
Systèmes	システム

Algèbre
代数学

Diagramme	図
Exposant	指数
Équation	方程式
Facteur	因子
Faux	偽
Formule	式
Fraction	分数
Graphique	グラフ
Infini	無限
Linéaire	線形
Matrice	マトリックス
Nombre	番号
Parenthèse	括弧
Problème	問題
Quantité	量
Simplifier	単純化
Solution	解決
Soustraction	減算
Variable	変数
Zéro	ゼロ

Antarctique
南極大陸

Baie	ベイ
Baleines	クジラ
Chercheur	研究者
Conservation	保全
Continent	大陸
Eau	水
Environnement	環境
Expédition	遠征
Géographie	地理
Glace	氷
Glaciers	氷河
Îles	島
Migration	移行
Minéraux	ミネラル
Oiseaux	鳥
Péninsule	半島
Rocheux	ロッキー
Scientifique	科学的
Température	温度
Topographie	地形

Antiquités
アンティーク

Art	アート
Authentique	オーセンティック
Bijoux	ジュエリー
Décoratif	装飾
Enchères	競売
Élégant	エレガント
Galerie	ギャラリー
Inhabituel	珍しい
Investissement	投資
Meubles	家具
Peintures	絵画
Pièces	コイン
Prix	価格
Qualité	品質
Restauration	復元
Sculpture	彫刻
Siècle	世紀
Style	スタイル
Valeur	値
Vieux	古い

Archéologie
考古学

Analyse	分析
Années	年
Chercheur	研究者
Civilisation	文明
Descendant	子孫
Expert	専門家
Ère	時代
Équipe	チーム
Évaluation	評価
Fossile	化石
Inconnu	不明
Mystère	ミステリー
Objets	オブジェクト
Os	骨
Oublié	忘れられた
Poterie	陶器
Professeur	教授
Relique	遺物
Temple	寺
Tombe	墓

Arts Visuels
ビジュアルアーツ

Architecture	建築
Argile	粘土
Artiste	アーティスト
Charbon	炭
Chef-D'Œuvre	傑作
Chevalet	イーゼル
Cire	ワックス
Composition	構成
Craie	チョーク
Crayon	鉛筆
Créativité	創造性
Film	映画
Peinture	絵画
Perspective	パースペクティブ
Pochoir	ステンシル
Portrait	ポートレート
Poterie	陶器
Sculpture	彫刻
Stylo	ペン
Vernis	ワニス

Astronomie
天文学

Astéroïde	小惑星
Astronaute	宇宙飛行士
Astronome	天文学者
Ciel	空
Constellation	星座
Éclipse	食
Équinoxe	春分
Fusée	ロケット
Galaxie	銀河
Lune	月
Météore	流星
Nébuleuse	星雲
Observatoire	天文台
Planète	惑星
Radiation	放射線
Satellite	衛星
Solaire	太陽
Supernova	超新星
Terre	地球
Univers	宇宙

Aventure
アドベンチャー

Activité	活動
Amis	友達
Beauté	美しさ
Bravoure	勇気
Chance	チャンス
Dangereux	危険な
Destination	行き先
Défis	課題
Difficulté	困難
Enthousiasme	熱意
Excursion	遠足
Inhabituel	珍しい
Itinéraire	旅程
Joie	喜び
Nature	自然
Navigation	ナビゲーション
Nouveau	新着
Opportunité	機会
Préparation	準備
Sécurité	安全性

Avions
飛行機

Air	空気
Altitude	高度
Atmosphère	雰囲気
Atterrissage	着陸
Aventure	冒険
Ballon	バルーン
Carburant	燃料
Ciel	空
Construction	建設
Descente	降下
Direction	方向
Équipage	クルー
Gonfler	膨らませる
Hauteur	高さ
Histoire	歴史
Hydrogène	水素
Moteur	エンジン
Passager	旅客
Pilote	パイロット
Turbulence	乱流

Ballet
バレエ

Applaudissement	拍手
Artistique	芸術的
Ballerine	バレリーナ
Chorégraphie	振り付け
Compétence	スキル
Compositeur	作曲家
Danseurs	ダンサー
Expressif	表現力豊かな
Geste	ジェスチャー
Intensité	強度
Leçons	レッスン
Muscles	筋肉
Musique	音楽
Orchestre	オーケストラ
Pratique	練習
Répétition	リハーサル
Rythme	リズム
Solo	ソロ
Style	スタイル
Technique	技術

Barbecues
バーベキュー

Chaud	ホット
Couteaux	ナイフ
Déjeuner	ランチ
Dîner	夕食
Enfants	子供達
Été	夏
Faim	飢餓
Famille	家族
Fruit	フルーツ
Gril	グリル
Jeux	ゲーム
Légumes	野菜
Musique	音楽
Oignons	玉ねぎ
Poivre	コショウ
Poulet	チキン
Salades	サラダ
Sauce	ソース
Sel	塩
Tomates	トマト

Bateaux
ボート

Ancre	アンカー
Bouée	ブイ
Canoë	カヌー
Corde	ロープ
Dock	ドック
Équipage	クルー
Ferry	フェリー
Fleuve	川
Kayak	カヤック
Lac	湖
Marée	潮
Marin	セーラー
Mât	マスト
Mer	海
Moteur	エンジン
Nautique	ノーティカル
Océan	海洋
Radeau	いかだ
Vagues	波
Yacht	ヨット

Bâtiments
建物

Ambassade	大使館
Appartement	アパート
Cabine	キャビン
Château	城
Cinéma	シネマ
École	学校
Garage	ガレージ
Grange	納屋
Hôpital	病院
Hôtel	ホテル
Laboratoire	研究室
Musée	博物館
Observatoire	天文台
Stade	スタジアム
Supermarché	スーパーマーケット
Tente	テント
Théâtre	劇場
Tour	タワー
Université	大学
Usine	工場

Beauté
ビューティー

Boucles	カール
Charme	魅力
Ciseaux	はさみ
Cosmétique	化粧品
Couleur	色
Élégance	優雅
Élégant	エレガント
Huiles	オイル
Maquillage	化粧
Mascara	マスカラ
Miroir	鏡
Parfum	香り
Peau	肌
Photogénique	フォトジェニック
Produits	製品
Rouge à Lèvres	口紅
Services	サービス
Shampooing	シャンプー
Styliste	スタイリスト

Biologie
生物学

Anatomie	解剖学
Bactéries	細菌
Cellule	細胞
Chromosome	染色体
Collagène	コラーゲン
Embryon	胚
Enzyme	酵素
Évolution	進化
Hormone	ホルモン
Mammifère	哺乳類
Mutation	突然変異
Naturel	ナチュラル
Nerf	神経
Neurone	ニューロン
Osmose	浸透
Photosynthèse	光合成
Protéine	タンパク質
Reptile	爬虫類
Symbiose	共生
Synapse	シナプス

Boxe
ボクシング

Adversaire	相手
Arbitre	審判
Blessures	怪我
Cloche	ベル
Coin	コーナー
Combattant	戦闘機
Compétence	スキル
Concentrer	フォーカス
Cordes	ロープ
Corps	体
Coude	肘
Coup	キック
Épuisé	疲れた
Force	強さ
Gants	手袋
Menton	顎
Poing	拳
Points	ポイント
Récupération	回復

Camping
キャンプ

Animaux	動物
Arbres	木
Aventure	冒険
Boussole	コンパス
Cabine	キャビン
Canoë	カヌー
Carte	地図
Chapeau	帽子
Chasse	狩猟
Corde	ロープ
Feu	火
Forêt	森
Hamac	ハンモック
Insecte	昆虫
Lac	湖
Lanterne	ランタン
Lune	月
Montagne	山
Nature	自然
Tente	テント

Chimie
化学

Acide	酸
Alcalin	アルカリ性
Atomique	アトミック
Carbone	炭素
Catalyseur	触媒
Chaleur	熱
Chlore	塩素
Enzyme	酵素
Électron	電子
Gaz	ガス
Hydrogène	水素
Ion	イオン
Liquide	液体
Métaux	金属
Molécule	分子
Nucléaire	核
Oxygène	酸素
Poids	重さ
Sel	塩
Température	温度

Chocolat
チョコレート

Amer	苦い
Antioxydant	酸化防止剤
Arôme	香り
Artisanal	職人
Cacahuètes	ピーナッツ
Cacao	カカオ
Calories	カロリー
Caramel	カラメル
Délicieux	美味しい
Doux	甘い
Envie	渇望
Exotique	エキゾチック
Favori	お気に入り
Goût	味
Ingrédient	成分
Noix de Coco	ココナッツ
Poudre	粉
Qualité	品質
Recette	レシピ
Sucre	砂糖

Conduite
運転

Accident	事故
Camion	トラック
Carburant	燃料
Carte	地図
Danger	危険
Freins	ブレーキ
Garage	ガレージ
Gaz	ガス
Licence	ライセンス
Moteur	モーター
Moto	オートバイ
Piéton	歩行者
Police	警察
Route	道
Rue	ストリート
Sécurité	安全性
Trafic	交通
Tunnel	トンネル
Vitesse	速度
Voiture	車

Corps Humain
人体

Bouche	口
Cerveau	脳
Cheville	足首
Cou	首
Coude	肘
Cœur	心臓
Doigt	指
Estomac	胃
Épaule	肩
Genou	膝
Langue	舌
Lèvres	唇
Main	手
Menton	顎
Nez	鼻
Oreille	耳
Peau	肌
Sang	血
Tête	頭
Visage	顔

Couleurs
[色]

Azur	紺碧
Beige	ベージュ
Blanc	白い
Bleu	青
Cramoisi	クリムゾン
Cyan	シアン
Fuchsia	フクシア
Gris	グレー
Indigo	インジゴ
Jaune	黄色
Magenta	マゼンタ
Marron	茶色
Noir	ブラック
Orange	オレンジ
Rose	ピンク
Rouge	赤
Sépia	セピア
Vert	緑
Violet	紫

Créativité
創造性

Artistique	芸術的
Authenticité	信憑性
Clarté	明快
Compétence	スキル
Dramatique	劇的
Expression	表現
Émotions	感情
Fluidité	流動性
Idées	アイデア
Image	画像
Imagination	想像力
Impression	印象
Inspiration	インスピレーション
Intensité	強度
Intuition	直感
Inventif	発明
Sensation	感覚
Spontané	自発
Visions	ビジョン
Vitalité	活力

Diplomatie
外交

Ambassade	大使館
Ambassadeur	大使
Citoyens	市民
Communauté	コミュニティ
Conflit	対立
Conseiller	顧問
Coopération	協力
Diplomatique	外交
Discussion	議論
Éthique	倫理
Étranger	外国人
Gouvernement	政府
Humanitaire	人道主義者
Intégrité	整合性
Justice	正義
Politique	政治
Résolution	解像度
Sécurité	安全
Solution	解決
Traité	条約

Disciplines Scientifiques
科学分野

Anatomie	解剖学
Archéologie	考古学
Astronomie	天文学
Biochimie	生化学
Biologie	生物学
Botanique	植物学
Chimie	化学
Écologie	生態学
Géologie	地質学
Immunologie	免疫学
Linguistique	言語学
Mécanique	力学
Météorologie	気象学
Minéralogie	鉱物学
Neurologie	神経学
Physiologie	生理
Psychologie	心理学
Sociologie	社会学
Thermodynamique	熱力学
Zoologie	動物学

Eau
水

Canal	運河
Douche	シャワー
Évaporation	蒸発
Fleuve	川
Gel	霜
Geyser	間欠泉
Glace	氷
Humide	湿った
Humidité	湿度
Inondation	洪水
Irrigation	灌漑
Lac	湖
Mousson	モンスーン
Neige	雪
Océan	海洋
Ouragan	ハリケーン
Pluie	雨
Potable	飲める
Vagues	波
Vapeur	蒸気

Entreprise
ビジネス

Argent	お金
Boutique	店
Budget	予算
Bureau	オフィス
Carrière	経歴
Coût	費用
Devise	通貨
Employeur	雇用者
Employé	従業員
Entreprise	会社
Économie	経済学
Finance	金融
Impôts	税金
Investissement	投資
Marchandise	商品
Profit	利益
Revenu	所得
Transaction	取引
Usine	工場
Vente	販売

Échecs
チェス

Adversaire	相手
Apprendre	学ぶために
Blanc	白い
Champion	チャンピオン
Concours	コンテスト
Défis	課題
Diagonal	対角
Intelligent	賢い
Jeu	ゲーム
Joueur	プレーヤー
Noir	ブラック
Passif	パッシブ
Points	ポイント
Reine	女王
Règles	ルール
Roi	キング
Sacrifice	犠牲
Stratégie	戦略
Temps	時間
Tournoi	トーナメント

Écologie
エコロジー

Bénévoles	ボランティア
Climat	気候
Communautés	コミュニティ
Diversité	多様性
Durable	持続可能
Espèce	種
Faune	動物相
Flore	フローラ
Global	グローバル
Habitat	生息地
Marais	マーシュ
Marin	マリン
Montagnes	山
Nature	自然
Naturel	ナチュラル
Plantes	植物
Ressources	リソース
Sécheresse	旱魃
Survie	生存
Végétation	植生

Électricité
電気

Aimant	磁石
Ampoule	電球
Batterie	電池
Câble	ケーブル
Électricien	電気技師
Électrique	電気
Fils	ワイヤ
Générateur	発生器
Lampe	ランプ
Laser	レーザー
Négatif	負
Objets	オブジェクト
Positif	正
Prise	ソケット
Quantité	量
Réseau	通信網
Stockage	ストレージ
Téléphone	電話
Télévision	テレビ

Énergie
エネルギー

Batterie	電池
Carbone	炭素
Carburant	燃料
Chaleur	熱
Diesel	ディーゼル
Entropie	エントロピー
Environnement	環境
Essence	ガソリン
Électrique	電気
Électron	電子
Hydrogène	水素
Industrie	業界
Moteur	モーター
Nucléaire	核
Photon	光子
Pollution	汚染
Renouvelable	再生可能
Soleil	太陽
Turbine	タービン
Vent	風

Épices
スパイス

Aigre	サワー
Ail	ニンニク
Amer	苦い
Anis	アニス
Cannelle	シナモン
Cardamome	カルダモン
Coriandre	コリアンダー
Cumin	クミン
Curry	カレー
Fenouil	フェンネル
Gingembre	ショウガ
Muscade	ナツメグ
Oignon	玉葱
Paprika	パプリカ
Poivre	コショウ
Réglisse	甘草
Safran	サフラン
Saveur	味
Sel	塩
Vanille	バニラ

Famille
ファミリー

Ancêtre	祖先
Cousin	いとこ
Enfance	子供の頃
Enfant	子供
Enfants	子供達
Femme	妻
Fille	娘
Frère	兄弟
Grand-Mère	おばあちゃん
Grand-Père	祖父
Mari	夫
Maternel	母性
Mère	母
Neveu	甥
Nièce	姪
Oncle	叔父
Paternel	父方の
Père	父
Soeur	姉妹
Tante	叔母

Ferme #1
ファーム #1

Abeille	蜂
Agriculture	農業
Âne	ロバ
Bison	バイソン
Champ	フィールド
Chat	猫
Cheval	馬
Chèvre	ヤギ
Chien	犬
Clôture	フェンス
Corbeau	カラス
Eau	水
Engrais	肥料
Foin	ヘイ
Miel	蜂蜜
Poulet	チキン
Riz	米
Troupeau	群れ
Vache	牛
Veau	ふくらはぎ

Ferme #2
ファーム #2

Agneau	子羊
Agriculteur	農家
Animaux	動物
Berger	羊飼い
Blé	小麦
Canard	アヒル
Fruit	フルーツ
Grange	納屋
Irrigation	灌漑
Lait	ミルク
Lama	ラマ
Légume	野菜
Maïs	コーン
Mouton	羊
Nourriture	食べ物
Orge	オオムギ
Pré	牧草地
Ruche	蜂の巣
Tracteur	トラクター
Verger	オーチャード

Fleurs
花々

Bouquet	花束
Gardénia	クチナシ
Hibiscus	ハイビスカス
Jasmin	ジャスミン
Lavande	ラベンダー
Lilas	ライラック
Lys	百合
Magnolia	マグノリア
Marguerite	デイジー
Orchidée	蘭
Passiflore	トケイソウ
Pavot	ポピー
Pétale	花弁
Pissenlit	タンポポ
Pivoine	牡丹
Plumeria	プルメリア
Tournesol	ひまわり
Trèfle	クローバー
Tulipe	チューリップ

Force et Gravité
力と重力

Axe	軸
Centre	センター
Découverte	発見
Distance	距離
Dynamique	動的
Expansion	拡張
Friction	摩擦
Impact	影響
Magnétisme	磁気
Mécanique	力学
Mouvement	モーション
Orbite	軌道
Physique	物理学
Planètes	惑星
Poids	重さ
Pression	圧力
Propriétés	プロパティ
Temps	時間
Universel	ユニバーサル
Vitesse	速度

Forêt Tropicale
レインフォレスト

Amphibiens	両生類
Botanique	植物
Climat	気候
Communauté	コミュニティ
Diversité	多様性
Espèce	種
Indigène	先住民族
Insectes	虫
Jungle	ジャングル
Mammifères	哺乳類
Mousse	苔
Nature	自然
Nuage	雲
Oiseaux	鳥
Précieux	貴重
Préservation	保存
Refuge	避難
Respect	尊敬
Restauration	復元
Survie	生存

Fournitures d'Art
アートサプライ

Acrylique	アクリル
Aquarelles	水彩画
Argile	粘土
Brosses	ブラシ
Caméra	カメラ
Chaise	椅子
Charbon	炭
Chevalet	イーゼル
Colle	のり
Couleurs	色
Crayons	鉛筆
Créativité	創造性
Eau	水
Encre	インク
Gomme	消しゴム
Huile	油
Idées	アイデア
Papier	紙
Pastels	パステル
Table	テーブル

Fruit
フルーツ

Abricot	アプリコット
Ananas	パイナップル
Avocat	アボカド
Baie	ベリー
Banane	バナナ
Cerise	チェリー
Citron	レモン
Figue	イチジク
Framboise	ラズベリー
Goyave	グアバ
Kiwi	キウイ
Mangue	マンゴー
Melon	メロン
Nectarine	ネクタリン
Orange	オレンジ
Papaye	パパイヤ
Pêche	桃
Poire	梨
Pomme	アップル
Raisin	葡萄

Géographie
地理学

Altitude	高度
Atlas	アトラス
Carte	地図
Continent	大陸
Fleuve	川
Hémisphère	半球
Île	島
Latitude	緯度
Mer	海
Méridien	子午線
Monde	世界
Montagne	山
Nord	北
Océan	海洋
Ouest	西
Pays	国
Région	領域
Sud	南
Territoire	地域
Ville	市

Géologie
地質学

Acide	酸
Calcium	カルシウム
Caverne	洞窟
Continent	大陸
Corail	コーラル
Couche	層
Cristaux	結晶
Érosion	侵食
Fondu	モルテン
Fossile	化石
Geyser	間欠泉
Lave	溶岩
Minéraux	ミネラル
Pierre	石
Plateau	高原
Quartz	石英
Sel	塩
Stalactite	鍾乳石
Volcan	火山
Zone	ゾーン

Géométrie
ジオメトリ

Angle	角度
Calcul	計算
Cercle	円
Courbe	曲線
Diamètre	直径
Dimension	次元
Équation	方程式
Hauteur	高さ
Logique	論理
Masse	質量
Médian	中央値
Nombre	番号
Parallèle	平行
Proportion	割合
Segment	セグメント
Surface	表面
Symétrie	対称
Théorie	理論
Triangle	三角形
Vertical	垂直

Gouvernement
政府

Citoyenneté	市民権
Civil	市民
Constitution	憲法
Démocratie	民主主義
Discours	スピーチ
Discussion	議論
Droits	権利
Égalité	平等
État	状態
Indépendance	独立
Judiciaire	司法
Justice	正義
Leader	リーダー
Liberté	自由
Loi	法律
Monument	記念碑
Nation	国家
Paisible	平和
Politique	政治
Symbole	シンボル

Herboristerie
本草学

Ail	ニンニク
Aromatique	芳香族
Basilic	バジル
Bénéfique	有益
Culinaire	料理
Estragon	タラゴン
Fenouil	フェンネル
Fleur	花
Ingrédient	成分
Jardin	庭
Lavande	ラベンダー
Marjolaine	マージョラム
Menthe	ミント
Persil	パセリ
Qualité	品質
Romarin	ローズマリー
Safran	サフラン
Saveur	味
Thym	タイム
Vert	緑

Ingénierie
エンジニアリング

Angle	角度
Axe	軸
Calcul	計算
Construction	建設
Diagramme	図
Diamètre	直径
Diesel	ディーゼル
Distribution	分布
Engrenages	ギア
Énergie	エネルギー
Force	強さ
Liquide	液体
Machine	機械
Mesure	測定
Moteur	モーター
Profondeur	深さ
Propulsion	推進
Rotation	回転
Stabilité	安定性
Structure	構造

Instruments de Musique
楽器

Banjo	バンジョー
Basson	ファゴット
Clarinette	クラリネット
Flûte	フルート
Gong	ゴング
Guitare	ギター
Harmonica	ハーモニカ
Harpe	ハープ
Hautbois	オーボエ
Mandoline	マンドリン
Marimba	マリンバ
Percussion	パーカッション
Piano	ピアノ
Saxophone	サックス
Tambour	ドラム
Tambourin	タンバリン
Trombone	トロンボーン
Trompette	トランペット
Violon	バイオリン
Violoncelle	チェロ

Jardin
ガーデン

Arbre	木
Banc	ベンチ
Buisson	ブッシュ
Clôture	フェンス
Étang	池
Fleur	花
Garage	ガレージ
Hamac	ハンモック
Herbe	草
Jardin	庭
Mauvaises Herbes	雑草
Pelle	シャベル
Pelouse	芝生
Porche	ポーチ
Râteau	熊手
Sol	土
Terrasse	テラス
Trampoline	トランポリン
Tuyau	ホース
Verger	オーチャード

Jardinage
ガーデニング

Botanique	植物
Bouquet	花束
Climat	気候
Comestible	食用
Compost	堆肥
Eau	水
Espèce	種
Exotique	エキゾチック
Feuillage	葉
Fleur	花
Floral	フローラル
Graines	種子
Humidité	水分
Récipient	容器
Saisonnier	季節
Saleté	泥
Sol	土
Tuyau	ホース
Verger	オーチャード

Jazz
ジャズ

Album	アルバム
Artiste	アーティスト
Célèbre	有名な
Chanson	歌
Compositeur	作曲家
Composition	構成
Concert	コンサート
Favoris	お気に入り
Genre	ジャンル
Improvisation	即興
Musique	音楽
Nouveau	新着
Orchestre	オーケストラ
Rythme	リズム
Solo	ソロ
Style	スタイル
Talent	才能
Tambours	ドラム
Technique	技術
Vieux	古い

Jours et Mois
日と月

Année	年
Août	八月
Avril	エイプリル
Calendrier	カレンダー
Dimanche	日曜日
Février	二月
Jeudi	木曜日
Juillet	七月
Juin	六月
Lundi	月曜日
Mai	五月
Mardi	火曜日
Mars	行進
Mercredi	水曜日
Mois	月
Novembre	十一月
Samedi	土曜日
Semaine	週
Septembre	セプテンバー
Vendredi	金曜日

L'Entreprise
ザ・カンパニー

Affaires	ビジネス
Créatif	クリエイティブ
Décision	決定
Emploi	雇用
Global	グローバル
Industrie	業界
Innovant	革新的
Investissement	投資
Possibilité	可能性
Présentation	プレゼンテーション
Produit	製品
Professionnel	プロ
Progrès	進捗
Qualité	品質
Ressources	リソース
Revenu	収益
Réputation	評判
Risques	リスク
Tendances	トレンド
Unités	単位

Les Abeilles
ミツバチ

Ailes	翼
Bénéfique	有益
Cire	ワックス
Diversité	多様性
Essaim	群れ
Écosystème	生態系
Fleurs	花
Fruit	フルーツ
Fumée	煙
Habitat	生息地
Insecte	昆虫
Jardin	庭
Miel	蜂蜜
Nourriture	食べ物
Plantes	植物
Pollen	花粉
Pollinisateur	花粉媒介者
Reine	女王
Ruche	巣箱
Soleil	太陽

Les Médias
メディア

Attitudes	態度
Commercial	商業
Communication	通信
En Ligne	オンライン
Édition	版
Éducation	教育
Faits	事実
Images	画像
Individuel	個人
Industrie	業界
Intellectuel	知的
Journaux	新聞
Local	ローカル
Numérique	デジタル
Opinion	意見
Photos	写真
Public	公共
Radio	ラジオ
Réseau	通信網
Télévision	テレビ

Légumes
野菜

Ail	ニンニク
Artichaut	アーティチョーク
Aubergine	茄子
Brocoli	ブロッコリー
Carotte	にんじん
Céleri	セロリ
Champignon	キノコ
Citrouille	かぼちゃ
Concombre	キュウリ
Échalote	エシャロット
Épinard	ほうれん草
Gingembre	ショウガ
Navet	カブ
Oignon	玉葱
Olive	オリーブ
Persil	パセリ
Pois	エンドウ
Radis	だいこん
Salade	サラダ
Tomate	トマト

Littérature
文学

Analogie	類推
Analyse	分析
Anecdote	逸話
Auteur	著者
Biographie	伝記
Comparaison	比較
Conclusion	結論
Description	説明
Dialogue	対話
Fiction	フィクション
Métaphore	比喩
Narrateur	ナレーター
Poème	詩
Poétique	詩的
Rime	韻
Roman	小説
Rythme	リズム
Style	スタイル
Thème	テーマ
Tragédie	悲劇

Livres
書籍

Auteur	著者
Aventure	冒険
Collection	コレクション
Dualité	二重性
Écrit	書かれた
Épique	エピック
Histoire	ストーリー
Historique	歴史的
Humoristique	ユーモラス
Inventif	発明
Lecteur	読者
Littéraire	文学
Mots	言葉
Narrateur	ナレーター
Page	ページ
Pertinent	関連する
Poésie	詩
Roman	小説
Série	シリーズ
Tragique	悲劇的

Maison
ハウス

Balai	ほうき
Bibliothèque	図書館
Chambre	部屋
Cheminée	暖炉
Clés	キー
Clôture	フェンス
Cuisine	キッチン
Douche	シャワー
Fenêtre	窓
Garage	ガレージ
Grenier	屋根裏
Jardin	庭
Lampe	ランプ
Miroir	鏡
Mur	壁
Plafond	天井
Porte	ドア
Rideaux	カーテン
Tapis	ラグ
Toit	屋根

Maladie
病気

Abdominal	腹部
Allergies	アレルギー
Bien-Être	ウェルネス
Chronique	慢性
Contagieux	伝染性
Corps	体
Cœur	心臓
Faible	弱い
Génétique	遺伝
Héréditaire	遺伝性
Immunité	免疫
Inflammation	炎症
Lombaire	腰椎
Neuropathie	神経障害
Os	骨
Pulmonaire	肺
Respiratoire	呼吸器
Santé	健康
Syndrome	症候群
Thérapie	治療

Mammifères
哺乳類

Baleine	鯨
Chat	猫
Cheval	馬
Chien	犬
Coyote	コヨーテ
Dauphin	イルカ
Éléphant	象
Girafe	キリン
Gorille	ゴリラ
Kangourou	カンガルー
Lapin	うさぎ
Lion	ライオン
Loup	狼
Mouton	羊
Ours	熊
Renard	狐
Singe	猿
Taureau	ブル
Tigre	虎
Zèbre	シマウマ

Mathématiques
数学

Angles	角度
Arithmétique	算術
Circonférence	円周
Décimal	小数
Diamètre	直径
Exposant	指数
Équation	方程式
Fraction	分数
Géométrie	幾何学
Parallèle	平行
Parallélogramme	平行四辺形
Perpendiculaire	垂直
Périmètre	周囲
Polygone	多角形
Rayon	半径
Rectangle	矩形
Somme	和
Symétrie	対称
Triangle	三角形
Volume	ボリューム

Mesures
測定値

Centimètre	センチメートル
Degré	度
Décimal	小数
Gramme	グラム
Hauteur	高さ
Kilogramme	キログラム
Kilomètre	キロメートル
Largeur	幅
Litre	リットル
Longueur	長さ
Masse	質量
Mètre	メーター
Minute	分
Octet	バイト
Once	オンス
Poids	重さ
Pouce	インチ
Profondeur	深さ
Tonne	トン
Volume	ボリューム

Meubles
家具

Armoire	戸棚
Banc	ベンチ
Bibliothèque	本棚
Bureau	机
Canapé	ソファ
Chaise	椅子
Commode	ドレッサー
Coussins	クッション
Étagères	棚
Fauteuil	アームチェア
Futon	布団
Hamac	ハンモック
Lampe	ランプ
Lit	ベッド
Matelas	マットレス
Miroir	鏡
Oreiller	枕
Rideaux	カーテン
Tapis	ラグ

Méditation
瞑想

Acceptation	受け入れ
Attention	注意
Clarté	明快
Compassion	思いやり
Esprit	マインド
Émotions	感情
Gentillesse	親切
Gratitude	感謝
Habitudes	習慣
Mental	メンタル
Mouvement	動き
Musique	音楽
Nature	自然
Observation	観察
Paix	平和
Pensées	思考
Perspective	パースペクティブ
Posture	姿勢
Respiration	呼吸
Silence	沈黙

Météo
天気

Arc-En-Ciel	虹
Atmosphère	雰囲気
Brise	そよ風
Brouillard	霧
Ciel	空
Climat	気候
Glace	氷
Inondation	洪水
Mousson	モンスーン
Nuage	雲
Ouragan	ハリケーン
Polaire	極性
Sec	ドライ
Sécheresse	旱魃
Température	温度
Tempête	嵐
Tonnerre	雷
Tornade	竜巻
Tropical	トロピカル
Vent	風

Mode
ファッション

Abordable	手頃な価格
Boutique	ブティック
Boutons	ボタン
Broderie	刺繍
Cher	高価な
Confortable	快適
Dentelle	レース
Élégant	エレガント
Mesures	測定
Minimaliste	ミニマリスト
Moderne	モダン
Modèle	パターン
Original	オリジナル
Pratique	実用的
Sophistiqué	洗練された
Style	スタイル
Tendance	トレンド
Texture	テクスチャ
Tissu	生地
Vêtements	衣類

Musique
音楽

Album	アルバム
Ballade	バラード
Chanter	歌う
Chanteur	歌手
Classique	クラシック
Enregistrement	録音
Harmonie	調和
Harmonique	ハーモニック
Improviser	即興
Instrument	楽器
Lyrique	叙情的
Mélodie	メロディー
Microphone	マイク
Musical	ミュージカル
Musicien	音楽家
Opéra	オペラ
Poétique	詩的
Rythme	リズム
Tempo	テンポ
Vocal	ボーカル

Mythologie
神話

Archétype	原型
Catastrophe	災害
Comportement	行動
Création	作成
Créature	生き物
Croyances	信念
Culture	文化
Éclair	稲妻
Force	強さ
Guerrier	戦士
Héros	ヒーロー
Immortalité	不死
Jalousie	嫉妬
Labyrinthe	ラビリンス
Légende	伝説
Magique	魔法の
Monstre	モンスター
Mortel	モータル
Tonnerre	雷
Vengeance	復讐

Nature
自然

Abeilles	蜂
Abri	シェルター
Animaux	動物
Arctique	北極
Beauté	美しさ
Brouillard	霧
Désert	砂漠
Dynamique	動的
Érosion	侵食
Feuillage	葉
Fleuve	川
Forêt	森
Glacier	氷河
Nuage	雲
Paisible	平和
Sanctuaire	サンクチュアリ
Sauvage	野生
Serein	穏やか
Tropical	トロピカル
Vital	重要

Nombres
数字

Cinq	五
Deux	二
Décimal	小数
Dix	十
Dix-Huit	十八
Dix-Neuf	十九
Dix-Sept	セブンティーン
Douze	十二
Huit	八
Neuf	九
Quatorze	十四
Quatre	四
Quinze	十五
Seize	十六
Sept	セブン
Six	六
Treize	十三
Trois	三
Vingt	二十
Zéro	ゼロ

Nourriture #1
食べ物 #1

Ail	ニンニク
Basilic	バジル
Café	コーヒー
Cannelle	シナモン
Carotte	にんじん
Citron	レモン
Épinard	ほうれん草
Fraise	苺
Jus	ジュース
Lait	ミルク
Navet	カブ
Oignon	玉葱
Orge	オオムギ
Poire	梨
Salade	サラダ
Sel	塩
Soupe	スープ
Sucre	砂糖
Thon	ツナ
Viande	肉

Nourriture #2
食べ物 #2

Amande	アーモンド
Aubergine	茄子
Banane	バナナ
Blé	小麦
Brocoli	ブロッコリー
Cerise	チェリー
Céleri	セロリ
Champignon	キノコ
Chocolat	チョコレート
Jambon	ハム
Kiwi	キウイ
Mangue	マンゴー
Oeuf	卵
Pain	パン
Poisson	魚
Pomme	アップル
Poulet	チキン
Raisin	葡萄
Riz	米
Tomate	トマト

Nutrition
栄養

Amer	苦い
Appétit	食欲
Calories	カロリー
Comestible	食用
Diète	ダイエット
Digestion	消化
Épices	スパイス
Équilibré	バランス
Fermentation	発酵
Glucides	炭水化物
Liquides	液体
Poids	重さ
Protéines	タンパク質
Qualité	品質
Sain	元気
Santé	健康
Sauce	ソース
Saveur	味
Toxine	毒素
Vitamine	ビタミン

Océan
海洋

Algue	海藻
Anguille	うなぎ
Baleine	鯨
Bateau	ボート
Corail	コーラル
Crabe	カニ
Crevette	エビ
Dauphin	イルカ
Éponge	スポンジ
Huître	カキ
Méduse	クラゲ
Poisson	魚
Poulpe	たこ
Requin	鮫
Récif	リーフ
Sel	塩
Tempête	嵐
Thon	ツナ
Tortue	カメ
Vagues	波

Oiseaux
鳥類

Aigle	鷲
Autruche	ダチョウ
Canard	アヒル
Cigogne	コウノトリ
Colombe	鳩
Corbeau	カラス
Coucou	カッコウ
Cygne	白鳥
Flamant	フラミンゴ
Héron	サギ
Manchot	ペンギン
Moineau	スズメ
Mouette	カモメ
Oeuf	卵
Oie	ガチョウ
Paon	孔雀
Perroquet	オウム
Pélican	ペリカン
Poulet	チキン
Toucan	オオハシ

Pays #1
国 #1

Afghanistan	アフガニスタン
Allemagne	ドイツ
Argentine	アルゼンチン
Brésil	ブラジル
Canada	カナダ
Espagne	スペイン
Équateur	エクアドル
Finlande	フィンランド
Inde	インド
Israël	イスラエル
Libye	リビア
Mali	マリ
Maroc	モロッコ
Nicaragua	ニカラグア
Norvège	ノルウェー
Panama	パナマ
Philippines	フィリピン
Pologne	ポーランド
Roumanie	ルーマニア
Venezuela	ベネズエラ

Pays #2
国 #2

Albanie	アルバニア
Chine	中国
Danemark	デンマーク
France	フランス
Haïti	ハイチ
Indonésie	インドネシア
Irlande	アイルランド
Jamaïque	ジャマイカ
Japon	日本
Kenya	ケニア
Laos	ラオス
Liban	レバノン
Mexique	メキシコ
Ouganda	ウガンダ
Pakistan	パキスタン
Russie	ロシア
Somalie	ソマリア
Soudan	スーダン
Syrie	シリア
Ukraine	ウクライナ

Paysages
風景

Cascade	滝
Colline	丘
Désert	砂漠
Estuaire	河口
Fleuve	川
Geyser	間欠泉
Glacier	氷河
Grotte	洞窟
Iceberg	氷山
Île	島
Lac	湖
Marais	沼
Mer	海
Montagne	山
Oasis	オアシス
Péninsule	半島
Plage	ビーチ
Toundra	ツンドラ
Vallée	谷
Volcan	火山

Physique
物理学

Accélération	加速
Atome	原子
Chaos	混沌
Chimique	化学薬品
Densité	密度
Électron	電子
Formule	式
Fréquence	周波数
Gaz	ガス
Gravité	重力
Magnétisme	磁気
Masse	質量
Mécanique	力学
Molécule	分子
Moteur	エンジン
Nucléaire	核
Particule	粒子
Relativité	相対性理論
Universel	ユニバーサル
Vitesse	速度

Plantes
植物

Arbre	木
Baie	ベリー
Bambou	竹
Botanique	植物学
Buisson	ブッシュ
Cactus	サボテン
Engrais	肥料
Feuillage	葉
Fleur	花
Flore	フローラ
Forêt	森
Grandir	育つ
Haricot	豆
Herbe	草
Jardin	庭
Lierre	蔦
Mousse	苔
Pétale	花弁
Racine	根
Végétation	植生

Professions #1
職業 #1

Ambassadeur	大使
Astronome	天文学者
Avocat	弁護士
Banquier	銀行家
Bijoutier	宝石商
Cartographe	地図製作者
Chasseur	ハンター
Danseur	踊り子
Entraîneur	コーチ
Éditeur	編集者
Géologue	地質学者
Infirmière	看護婦
Médecin	医者
Musicien	音楽家
Pianiste	ピアニスト
Plombier	配管工
Pompier	消防士
Psychologue	心理学者
Scientifique	科学者
Vétérinaire	獣医

Professions #2
職業 #2

Astronaute	宇宙飛行士
Bibliothécaire	司書
Biologiste	生物学者
Chercheur	研究者
Chirurgien	外科医
Dentiste	歯医者
Détective	探偵
Enseignant	先生
Illustrateur	イラストレーター
Ingénieur	エンジニア
Inventeur	発明者
Jardinier	庭師
Journaliste	ジャーナリスト
Linguiste	言語学者
Médecin	医師
Peintre	画家
Philosophe	哲学者
Photographe	写真家
Pilote	パイロット
Zoologiste	動物学者

Randonnée
ハイキング

Animaux	動物
Bottes	ブーツ
Camping	キャンプ
Carte	地図
Climat	気候
Eau	水
Falaise	崖
Fatigué	疲れた
Guides	ガイド
Lourd	重い
Météo	天気
Montagne	山
Nature	自然
Orientation	オリエンテーション
Parcs	公園
Pierres	石
Préparation	準備
Sauvage	野生
Soleil	太陽
Sommet	サミット

Remplir
塗りつぶすには

Baignoire	浴槽
Baril	バレル
Boîte	箱
Bouteille	ボトル
Caisse	クレート
Carton	カートン
Dossier	フォルダ
Enveloppe	封筒
Navire	容器
Panier	バスケット
Paquet	パケット
Plateau	トレイ
Poche	ポケット
Pot	瓶
Sac	バッグ
Seau	バケツ
Tiroir	引き出し
Tube	チューブ
Valise	スーツケース
Vase	花瓶

Restaurant #2
レストラン #2

Boisson	飲料
Chaise	椅子
Cuillère	スプーン
Déjeuner	ランチ
Délicieux	美味しい
Dîner	夕食
Eau	水
Épices	スパイス
Fourchette	フォーク
Fruit	フルーツ
Gâteau	ケーキ
Glace	氷
Légumes	野菜
Nouilles	麺
Oeuf	卵
Poisson	魚
Salade	サラダ
Sel	塩
Serveur	ウェイター
Soupe	スープ

Réchauffement Climatique
地球温暖化

Arctique	北極
Attention	注意
Climat	気候
Crise	危機
Développement	発達
Données	データ
Environnemental	環境
Énergie	エネルギー
Futur	未来
Gaz	ガス
Générations	世代
Gouvernement	政府
Habitats	生息地
Industrie	業界
International	国際
Législation	法律
Maintenant	今
Populations	人口
Scientifique	科学者
Températures	温度

Santé et Bien-Être #1
ヘルス＆ウェルネス #1

Actif	アクティブ
Bactéries	細菌
Blessure	怪我
Clinique	診療所
Faim	飢餓
Fracture	骨折
Habitude	習慣
Hauteur	高さ
Hormone	ホルモン
Médecin	医者
Médicament	薬
Muscles	筋肉
Os	骨
Peau	肌
Pharmacie	薬局
Posture	姿勢
Relaxation	リラクゼーション
Réflexe	反射
Thérapie	治療
Virus	ウイルス

Santé et Bien-Être #2
ヘルス＆ウェルネス #2

Allergie	アレルギー
Anatomie	解剖学
Appétit	食欲
Calorie	カロリー
Corps	体
Déshydratation	脱水
Énergie	エネルギー
Génétique	遺伝学
Hôpital	病院
Hygiène	衛生
Infection	感染
Maladie	病気
Massage	マッサージ
Nutrition	栄養
Poids	重さ
Récupération	回復
Sain	元気
Sang	血
Stress	ストレス
Vitamine	ビタミン

Science
理科

Atome	原子
Chimique	化学薬品
Climat	気候
Données	データ
Expérience	実験
Évolution	進化
Fait	事実
Fossile	化石
Gravité	重力
Hypothèse	仮説
Laboratoire	研究室
Méthode	方法
Minéraux	ミネラル
Molécules	分子
Nature	自然
Observation	観察
Organisme	生物
Particules	粒子
Physique	物理学
Scientifique	科学者

Science-Fiction
サイエンス・フィクション

Atomique	アトミック
Cinéma	シネマ
Dystopie	ディストピア
Explosion	爆発
Fantastique	素晴らしい
Feu	火
Futuriste	未来的
Galaxie	銀河
Illusion	イリュージョン
Imaginaire	虚数
Livres	書籍
Monde	世界
Mystérieux	神秘的な
Oracle	オラクル
Planète	惑星
Réaliste	現実的
Robots	ロボット
Scénario	シナリオ
Technologie	技術
Utopie	ユートピア

Temps
時間

Année	年
Annuel	通年
Après	後
Avant	前
Bientôt	すぐ
Calendrier	カレンダー
Décennie	十年
Futur	未来
Heure	時間
Hier	昨日
Horloge	時計
Jour	日
Maintenant	今
Matin	朝
Midi	昼
Minute	分
Mois	月
Nuit	夜
Semaine	週
Siècle	世紀

Univers
宇宙

Astéroïde	小惑星
Astronome	天文学者
Astronomie	天文学
Atmosphère	雰囲気
Ciel	空
Cosmique	コズミック
Équateur	赤道
Galaxie	銀河
Hémisphère	半球
Horizon	地平線
Latitude	緯度
Longitude	経度
Lune	月
Obscurité	闇
Orbite	軌道
Solaire	太陽
Solstice	至点
Télescope	望遠鏡
Visible	目に見える
Zodiaque	ゾディアック

Vacances #2
バケーション #2

Aéroport	空港
Camping	キャンプ
Carte	地図
Destination	行き先
Étranger	外国人
Hôtel	ホテル
Île	島
Loisir	レジャー
Mer	海
Passeport	パスポート
Plage	ビーチ
Restaurant	レストラン
Réservations	予約
Taxi	タクシー
Tente	テント
Train	列車
Transport	交通
Vacances	休日
Visa	ビザ
Voyage	旅

Véhicules
車両

Ambulance	救急車
Avion	飛行機
Bateau	ボート
Bus	バス
Camion	トラック
Caravane	キャラバン
Ferry	フェリー
Fusée	ロケット
Hélicoptère	ヘリコプター
Métro	地下鉄
Moteur	モーター
Navette	シャトル
Pneus	タイヤ
Radeau	いかだ
Scooter	スクーター
Sous-Marin	潜水艦
Taxi	タクシー
Tracteur	トラクター
Vélo	自転車
Voiture	車

Vêtements
洋服

Bracelet	ブレスレット
Ceinture	ベルト
Chapeau	帽子
Chaussure	靴
Chemise	シャツ
Chemisier	ブラウス
Collier	ネックレス
Foulard	スカーフ
Gants	手袋
Jeans	ジーンズ
Jupe	スカート
Manteau	コート
Mode	ファッション
Pantalon	パンツ
Pull	セーター
Pyjama	パジャマ
Robe	ドレス
Sandales	サンダル
Tablier	エプロン
Veste	ジャケット

Ville
町

Aéroport	空港
Banque	銀行
Bibliothèque	図書館
Boulangerie	ベーカリー
Cinéma	シネマ
Clinique	診療所
École	学校
Fleuriste	花屋
Galerie	ギャラリー
Hôtel	ホテル
Librairie	書店
Marché	市場
Musée	博物館
Pharmacie	薬局
Restaurant	レストラン
Stade	スタジアム
Supermarché	スーパーマーケット
Théâtre	劇場
Université	大学
Zoo	動物園

Félicitations

Vous avez réussi !

Nous espérons que vous avez apprécié ce livre autant que nous avons pris plaisir à le concevoir. Nous faisons de notre mieux pour créer des livres de la meilleure qualité possible.
Cette édition est conçue pour permettre un apprentissage intelligent et de qualité en se divertissant !

Vous avez aimé ce livre ?

Une Simple Demande

Nos livres existent grâce aux avis que vous publiez. Pourriez-vous nous aider en laissant un avis maintenant ?

Voici un lien rapide qui vous mènera à votre page d'évaluation de vos commandes :

BestBooksActivity.com/Avis50

CHALLENGE FINAL !

Défi n°1

Êtes-vous prêt pour votre jeu bonus ? Nous les utilisons tout le temps mais ils ne sont pas si faciles à trouver. Voici les **Synonymes** !

Notez 5 mots que vous avez trouvés dans les puzzles notés ci-dessous (n°21, n°36, n°76) et essayez de trouver 2 synonymes pour chaque mot.

Notez 5 Mots du **Puzzle 21**

Mots	Synonyme 1	Synonyme 2

Notez 5 Mots du **Puzzle 36**

Mots	Synonyme 1	Synonyme 2

Notez 5 Mots du **Puzzle 76**

Mots	Synonyme 1	Synonyme 2

Défi n°2

Maintenant que vous vous êtes échauffé, notez 5 mots que vous avez découverts dans les Puzzles n° 9, n° 17, n° 25 et essayez de trouver 2 antonymes pour chaque mot. Combien pouvez-vous en trouver en 20 minutes ?

Notez 5 Mots du **Puzzle 9**

Mots	Antonyme 1	Antonyme 2

Notez 5 Mots du **Puzzle 17**

Mots	Antonyme 1	Antonyme 2

Notez 5 Mots du **Puzzle 25**

Mots	Antonyme 1	Antonyme 2

Défi n°3

Formidable ! Ce défi final n'est rien pour vous.

Prêt pour le dernier défi ? Choisissez 10 mots que vous avez découverts parmi les différents puzzles et notez-les ci-dessous.

1.	6.
2.	7.
3.	8.
4.	9.
5.	10.

Maintenant, composez un texte en pensant à une personne, un animal ou un lieu que vous aimez !

Astuce: Vous pouvez utiliser la dernière page de ce livre comme brouillon !

Votre Composition :

CARNET DE NOTES :

À TRÈS BIENTÔT !

Toute l'équipe

DECOUVREZ DES JEUX GRATUITS

GO

↓

BESTACTIVITYBOOKS.COM/FREEGAMES